Donner sens au temps

DU MÊME AUTEUR

Prier la parole, Abbaye de Bellefontaine, 1983 ; nouv. édit. 1996.
Le manteau d'Élie, Abbaye de Bellefontaine, 1991.
Le jour du Seigneur, Moustier, 1994.
Suivre Jésus le Seigneur, Mame-Fleurus, 1994.
Comme un étranger, Éditions du Cerf, 1997
Adam, où es-tu ? Éditions du Cerf, 1998.
Le SIDA : Vivre et mourir en communion, Éditions du Cerf, 1998.
La saveur oubliée de l'Évangile, Presses de la Renaissance, 2000.
Une porte ouverte sur le Royaume. Le jubilé de l'an 2000, Parole et Silence, 2000.
Les mots de la vie intérieure, Éditions du Cerf, 2001.
Si tu savais le don de Dieu, Lessius, 2001.
Le Dieu de mes grandes amitiés, Parole et Silence, 2002.
Apocalypse de Jean, Lethielleux, à paraître.

Enzo Bianchi

Donner sens au temps

Les grandes fêtes chrétiennes

Bayard

Traduit de l'italien
par Matthias Wirz

ISBN 2.227.47307.X

3 et 5, rue Bayard, 75008 Paris

Introduction

Sanctifier le temps

À certaines périodes, même la simple succession des années se colore d'accents inédits, faisant redécouvrir la nouveauté qui peut habiter jusqu'au plus ordinaire des jours. Ainsi en a-t-il été ces dernières années, lorsque la fin d'un siècle et d'un millénaire est venue réveiller des souvenirs et exciter des attentes bien plus grands que le tournant objectif constitué par le changement d'une page de calendrier. À cette occasion, et peut-être aussi surtout dans des milieux non religieux, on a prêté attention aux dates, aux anniversaires, aux mémoires, aux festivités. En cela, le christianisme, enraciné dès ses origines dans cette sage architecture du temps qu'est l'histoire du salut, dont l'Ancien Testament déjà fait le récit et que célèbrent les fêtes juives, est depuis toujours attentif à considérer l'écoulement du temps non pas comme une succession cyclique d'événements et de saisons, mais comme une occasion toujours renouvelée pour l'irruption de l'éternité dans l'histoire.

« En Jésus Christ, Verbe incarné, le temps devient une dimension de Dieu, qui est en lui-même éternel... De ce rapport de Dieu avec le temps naît le devoir de le sanctifier », a écrit Jean-Paul II dans sa lettre apostolique en préparation au jubilé de l'an 2000 (*Tertio millennio adveniente* 10). Or que signifie « sanctifier le temps » ? Avant même d'adresser à Israël l'invitation « soyez saints, car moi, le Seigneur votre Dieu, je suis saint » (Lv 19,2), « au commencement » déjà de son œuvre de création, au terme de l'ouvrage des six jours, Dieu « appela », il rendit le temps saint, en faisant d'un jour, le sabbat, un jour « autre ». Il est écrit en effet : « Dieu bénit le septième jour et le sanctifia » (Gn 2,3). Cela s'est produit, selon le commentaire des rabbins, pour nous rappeler que la sanctification du temps est possible avant tout grâce à une intention du Créateur, et que la sanctification de l'homme commence lorsqu'il rend saint, autre, le temps.

« Soyez saints » signifie alors « soyez autres », soyez capables de vous soustraire à la séduction idolâtre quotidienne, qui empêche de voir au-delà, d'être « autrement », de sentir l'inénarrable, de croire à l'indicible. Par conséquent,

« sanctifier le temps » signifie le vivre différemment, vivre le temps selon l'intention voulue par Dieu ; cela signifie surtout affirmer non seulement qu'il y aura un jour à la fin du temps, mais que la fin, le but du temps est celui-ci : vivre en communion avec Dieu. Le temps a donc un sens précis, car le septième jour est le destin de l'homme et de toute la création : anticipation eschatologique pour l'humanité entière, le septième jour est liturgie de toute l'histoire, transfiguration du cosmos entier. Dans l'intention de Dieu, le temps du croyant est un temps rythmé, un temps autre et saint : scandé par un jour saint chaque semaine – le sabbat –, par une année sainte chaque « semaine d'années » (tous les sept ans) – l'année sabbatique –, par une année sainte toutes les sept semaines d'années – le jubilé.

De cette manière, Dieu a voulu empêcher que l'on relègue la sainteté, l'être « autrement » de l'homme, dans une dimension mythique, inaccessible. C'est là le sens profond des festivités chrétiennes et, autour d'elles, du simple déroulement de l'année liturgique : de l'avent, qui transforme la mémoire de la venue du Seigneur dans la chair en invocation de son retour dans la gloire, au temps de Noël, où cette présence de Dieu parmi les hommes se fait « épiphanie », manifestation culminant dans la danse trinitaire sur les eaux du Jourdain ; des quarante jours du carême – où les chrétiens sont invités à se convertir à leur Seigneur, en retournant à lui à travers les simples gestes de chaque jour : manger, parler, lutter, partager... – jusqu'à la semaine de la Passion qui débouche sur la veille, mère de toutes les veilles, la sainte nuit de la Résurrection ; des quarante jours successifs, qui mènent à l'Ascension, jusqu'à l'accomplissement de Pâques dans l'effusion de l'Esprit, le matin de Pentecôte, et à la célébration consécutive de la communion de l'amour trinitaire. Autour de ces mystères de notre salut, illuminés par la lumière du Ressuscité et dans l'attente de la transfiguration de toute créature, nous retrouvons la Vierge Marie et Jean le Baptiste, ceux qui ont uni dans leur vie l'Ancienne et la Nouvelle Alliance, nous rencontrons Pierre et Paul, apôtres de Jérusalem aux extrémités de la terre, ainsi que tous les saints, mémoires vivantes de la bonne nouvelle de l'Évangile de Jésus.

Ainsi, formés à la foi par ces mystères liturgiques, accompagnés de la main par cette nuée de témoins, nous parvenons, en nous abandonnant dans la paix à la miséricorde du Seigneur, à redécouvrir nos humbles racines, à comprendre mieux que nous ne sommes pas meilleurs que nos pères, à saisir avec sérénité que nous retournons à cette terre dont nous avons été tirés et que nous avons tant aimée. Ces pages ne voudraient être autre chose qu'un viatique dans la longue traversée de notre vie rythmée par les jours et les mois de l'année, une série de « lieux » où faire halte pour repenser à soi-même, au sens de notre existence, au don que représentent ceux qui nous entourent, pour pouvoir repartir ensuite, comblés de gratitude et de confiance, vers l'unique « lieu » capable d'étancher notre soif : le visage même de Dieu.

Enzo Bianchi, prieur de Bose

Bose, 6 août 2003
Transfiguration de notre Seigneur Jésus Christ

Avent

La flamme du désir

Entrer dans le temps de l'avent, c'est entrer dans le temps où l'Église fait mémoire du retour du Seigneur, où elle l'invoque et où elle l'attend. Lorsque nous professons notre foi, nous confessons : « Il a pris chair et s'est fait homme. Crucifié sous Ponce Pilate, il souffrit sa passion et fut mis au tombeau. Il ressuscita le troisième jour, conformément aux Écritures. Il reviendra dans la gloire, pour juger les vivants et les morts. »

La venue du Seigneur fait partie intégrante du mystère chrétien, car le jour du Seigneur a été annoncé par tous les prophètes et Jésus a parlé à plusieurs reprises de sa venue dans la gloire, comme Fils de l'homme, pour mettre fin à ce monde et inaugurer un ciel nouveau et une terre nouvelle. La création tout entière gémit et souffre, comme en travail d'enfantement, attendant sa transfiguration et la manifestation des enfants de Dieu (voir Rm 8,19-23) : la venue du Seigneur sera l'exaucement de cette supplication, de cette invocation, qui répond à son tour à la promesse du Seigneur (« Je viens bientôt ! », Ap 22,20) et qui s'unit à la voix de ceux qui, dans l'histoire, ont subi l'injustice et la violence, la non-reconnaissance et l'oppression, et ont vécu pauvres, affligés, pacifiques, sans défense, affamés. Consciente que l'accomplissement des temps s'est déjà produit en Christ, l'Église se fait voix de cette attente et, durant le temps de l'avent, elle répète avec une force et une assiduité accrues l'ancienne invocation des chrétiens : *Marana thà* ! Seigneur, viens ! À la question « qui est le chrétien ? », saint Basile a pu répondre ainsi : « Le chrétien est celui qui reste vigilant chaque jour et chaque heure, sachant que le Seigneur vient. »

Mais nous devons nous demander : aujourd'hui, les chrétiens attendent-ils encore, et avec conviction, la venue du Seigneur ? C'est une question que l'Église doit se poser, elle qui se définit par ce qu'elle attend et ce qu'elle espère ; une question qu'elle doit se poser parce qu'il y a aujourd'hui, en réalité, une conspiration du silence autour de cet événement, que Jésus a placé devant nous comme un jugement avant tout miséricordieux, mais capable aussi de révéler la justice et la vérité de chacun, placé devant nous comme une rencontre avec le Seigneur dans la gloire, comme le Royaume achevé finalement pour l'éternité. Souvent, on a l'impression que les chrétiens lisent le temps comme un *eternum continuum*, comme un temps homogène, privé de surprises et de nouveautés essentielles, un mauvais infini, un présent éternel où tant de choses peuvent se produire, mais non la venue du Seigneur Jésus Christ !

Pour nombre de chrétiens, l'avent n'est-il pas devenu une simple préparation à Noël, comme si l'on attendait encore la venue de Jésus dans la chair de notre humanité et dans la pauvreté de Bethléem ? Naïve régression dévote qui appauvrit l'espérance chrétienne ! En vérité, le chrétien a conscience que s'il n'y a pas la venue du Seigneur dans la gloire, il est le plus à plaindre de tous les misérables de la terre (voir 1 Co 15,19, où il est question de la foi en la résurrection), et que s'il n'y a pas de futur caractérisé par le *novum* que le Seigneur peut instaurer, le cheminement à la suite du Seigneur dans l'aujourd'hui historique devient insoutenable. Un temps dépourvu de direction et d'orientation, quel sens peut-il avoir et quelles espérances peut-il ouvrir ?

L'avent est donc, pour le chrétien, un temps fort, durant lequel, ecclésialement, c'est-à-dire dans un engagement commun, on s'exerce à l'attente du Seigneur, à la vision dans la foi des réalités invisibles (voir 2 Co 4,18), au renouvellement de l'espérance du Royaume, dans la conviction que nous cheminons aujourd'hui « par la foi et non par la vision » (2 Co 5,6-7) et que si nous expérimentons le salut, ce n'est pas encore comme une vie enfin non menacée par la mort, par la maladie, par les pleurs, par le péché. Oui, il y a un salut, apporté par le Christ, que nous connaissons dans la rémission des péchés (voir Lc 1,77), mais le salut plein – le nôtre, de tous les hommes et de tout l'univers – n'est pas encore venu.

Pour cela aussi, l'attente du chrétien devrait être une manière de vivre en communion avec l'attente des juifs qui, comme nous, croient au « jour du Seigneur », au « jour de la libération », c'est-à-dire au « jour du Messie ».

Vraiment, l'avent nous porte au cœur du mystère chrétien : la venue du Seigneur à la fin des temps n'est rien d'autre, en effet, que l'extension et la plénitude eschatologique des énergies de la résurrection du Christ.

Durant le temps de l'avent, il s'agit donc de nous interroger : nous autres chrétiens, ne nous comportons-nous pas comme si Dieu était resté derrière nous, comme si nous ne trouvions Dieu que dans l'enfant né à Bethléem ?

Savons-nous chercher Dieu dans notre avenir, comme des sentinelles impatientes que vienne l'aurore, en ayant au cœur l'urgence de la venue du Christ ? Nous devons alors nous laisser interpeller par ce cri plus actuel que jamais de Teilhard de Chardin : « Chrétiens, chargés de garder toujours vivante sur terre la flamme du désir, qu'avons-nous fait de l'attente du Seigneur ? »

Noël

Une espérance pour tous

L'événement que les chrétiens célèbrent à Noël n'est pas une apparition de Dieu parmi les hommes : c'est la naissance d'un enfant que Dieu seul pouvait donner à l'humanité, un enfant « né d'une femme » (Ga 4,4) mais qui venait de Dieu, et qui de Dieu devait être le récit et l'explication. La naissance de celui qui est Seigneur et Dieu ne doit pas être comprise dans un sens métaphorique, mais dans toute l'épaisseur de son sens réel, historique, que l'Évangile met en évidence en le qualifiant de « signe ». En effet, en racontant la naissance de Jésus, l'évangéliste Luc répète bien trois fois les mêmes paroles pour indiquer l'image à regarder sans distraction : « un nouveau-né enveloppé de langes et couché dans une mangeoire » (Lc 2,7.12.16) ! Oui, il y a certes la lumière qui resplendit et qui enveloppe les bergers, il y a aussi la gloire divine qui inspire une grande crainte, il y a bien le chœur des anges qui chante la paix pour les hommes, aimés de Dieu, mais tout cela n'est que le cadre qui met en valeur le tableau et cherche à nous révéler le sens de ce qu'il renferme.

Le signe que les bergers reçoivent à l'annonce des anges est d'une extrême simplicité, c'est un signe pauvre, un signe appartenant à l'humanité pauvre : un enfant naît, mais dans la pauvreté d'une étable ; un enfant naît, fils d'un couple d'époux pauvres ; un enfant naît, à qui a été niée l'hospitalité. Le signe de Noël est tout entier là-dedans ! Pourtant, l'enfant est proclamé Messie : le Sauveur et Seigneur est un enfant pauvre, un fils de pauvres, né dans la pauvreté !

Si les chrétiens, dans leur foi, ne gardaient pas vif le lien entre l'enfant et le Seigneur, entre la pauvreté et la gloire, ils ne comprendraient pas la vérité de Noël. Et les chrétiens, malheureusement, sont toujours tentés de cacher la pauvreté nue du nouveau-né. Ils voudraient découvrir sa gloire dans la puissance et dans le succès ; mais l'icône authentique de Noël dément radicalement leurs désirs.

Une hymne chrétienne du IVe siècle, forte de cette compréhension du mystère de l'incarnation, chantait la festivité de Noël en ces termes : « Tandis que la nuit profonde/sombre et tranquille/enveloppait de silence les vallées et les collines/le Fils de Dieu naquit d'une vierge/ et, obéissant à la volonté du Père,/commença sa vie d'homme sur la terre. » Le début d'une vie d'homme sur la terre : peut-être est-ce précisément pour cette extrême simplicité que le message de Noël est à ce point universel. Bien que ce soit là l'annonce d'un grand mystère, le message en est parfaitement simple, à la portée de tous, à commencer par les pauvres bergers de Bethléem. Ce fils d'homme qui naît passera de façon plutôt ordinaire la majeure partie de sa vie ; il passera parmi les autres hommes en faisant le bien, il accomplira le grand miracle de la communion retrouvée avec Dieu et avec les autres, en se servant de signes et de prodiges liés aux besoins essentiels de l'homme : le pain et le vin multipliés, la santé redonnée, la nature à nouveau réconciliée avec l'homme, la fraternité rétablie, la vie réaffirmée comme plus forte que la mort. Et c'est ce bien au quotidien, ce bien trop grand pour que les bénéficiaires puissent l'attribuer à lui seul, qui le fera reconnaître comme le Fils de Dieu. N'est-ce pas aussi pour cela que l'apôtre Paul affirme que la manifestation du Christ dans la chair est destinée à « nous enseigner à vivre dans le monde » (Tt 2,11-12) ?

À Noël, les chrétiens célèbrent ce mystère déjà advenu – la venue de Dieu dans la chair de Jésus – comme une promesse et une garantie de ce qu'ils attendent encore : que Dieu soit dans l'humanité entière et que toute l'humanité soit faite Dieu. Mais si tel est le fondement de la fête, alors la joie qui l'habite ne peut être l'objet d'aucune « exclusivité » : elle est une grande joie « pour tout le peuple » (Lc 2,10), pour l'humanité entière, destinataire de l'amour de Dieu. Les chrétiens ne peuvent en aucune manière prendre possession de Noël, en le soustrayant aux autres ; ils ne peuvent jamais emprisonner l'espérance qui est une aspiration au cœur de tous. Si, en Jésus, le Créateur s'est fait créature, l'Éternel s'est fait mortel, le Tout-Puissant s'est dénué de sa force, c'est pour que l'homme puisse devenir le Fils même de Dieu. Nous sommes là face à cet *admirabile commercium*, à ce « merveilleux échange » à travers lequel les Pères de l'Église des premiers siècles cherchaient à expliquer à leurs contemporains l'événement qui avait non pas tant changé le cours de l'histoire, mais bien plutôt redonné à l'histoire tout son sens.

C'est là la radieuse espérance que les chrétiens devraient, aujourd'hui encore, annoncer aux hommes et aux femmes au milieu desquels ils vivent, si assoiffés de sens, si désireux d'espérance, à ce point habités par une attente plus grande que leur cœur même. Il s'agit, pour les chrétiens, d'aller, de se tenir parmi les autres avec la même joie que celle avec laquelle Dieu est venu parmi nous dans le Fils, l'Emmanuel, le Dieu-avec-nous, qui ne peut ni ne doit jamais devenir le Dieu-contre-les-autres. Alors Noël – non seulement celui des chrétiens, mais aussi celui « de tout le monde », même ce climat contagieux de bonté qui vainc l'hypocrisie d'un « bonisme » inepte – ne finira pas consumé dans la consommation de quelques heures et de nombreux biens. Noël ne s'éteindra pas avec la dernière bougie, et ne connaîtra pas l'avilissement des « soldes » de fin de saison, mais se dilatera en se multipliant dans le vécu quotidien : ce sera le gage d'une vie plus humaine, habitée par des relations authentiques et par le respect de l'autre, une vie riche de sens, capable d'exprimer par des gestes et des paroles la beauté et la lumière, reflets de cette lumière qui brilla dans la nuit profonde de Bethléem et qui doit briller aujourd'hui encore dans tous les lieux plongés dans les ténèbres de la douleur et du non-sens. Les chrétiens savent, par la foi, que Dieu a voulu se compromettre radicalement avec l'humanité en se faisant homme ; ils savent qu'il est entré dans l'histoire pour orienter celle-ci définitivement vers l'issue du salut ; ils savent qu'il a assumé la fragilité de l'homme exposé aux offenses de son propre mal pour vaincre le mal et la mort. Cette « connaissance », ils sont appelés à en témoigner, en assumant chaque jour la pauvreté, l'abaissement, pour rencontrer l'autre, conscients que ce qui unit les hommes est plus grand que ce qui les différencie et les oppose.

Si les chrétiens, à Noël, sont dans la joie, ce n'est pas un privilège qui leur est réservé, ni un don qui serait rendu vain si on le partageait. Bien au contraire, il ne leur est en aucun cas permis d'en prendre possession et d'en faire leur exclusivité : ils ne peuvent pas soustraire le Christ à l'humanité, à laquelle il a été envoyé par le Père. Oui, Noël est l'invitation à une espérance, et cette espérance est offerte à tous.

Circoncision, très saint Nom de Jésus, sainte Marie mère de Dieu

La bénédiction sur l'humanité

« Quand furent accomplis les huit jours pour sa circoncision, il fut appelé du nom de Jésus, comme l'avait indiqué l'ange avant sa conception dans le ventre de sa mère » (Lc 2,21). Ce verset, qui est aussi la péricope de l'Évangile proclamée durant cette fête, contient les trois fondements de la solennité qui marque par ailleurs le début de l'année civile en terres d'Occident : la circoncision, le saint nom de Jésus, et sainte Marie, mère du Seigneur.

Jésus est né à Bethléem, mais on pourrait dire que c'est huit jours plus tard que l'on chante son identité et donc son appartenance : Jésus se fait circoncire, il reçoit le geste qui le fait appartenir au peuple de l'Alliance ; Jésus reçoit son nom de la part de Marie et Joseph, ce nom qui symbolise sa vocation toute personnelle et unique à l'intérieur d'une famille précise, dans laquelle il est né et où maintenant il

« vient au monde » ; Jésus, né du Saint-Esprit et de Marie, a une mère, et pourtant Dieu seul pouvait donner cet enfant aux hommes. Cherchons à pénétrer dans la contemplation de ce triple mystère.

Jésus, comme le prescrivait la loi, se fait circoncire pour entrer ainsi dans la « Sainte Alliance » conclue avec Abraham (voir Gn 17, 10-11). Dans la chair de Jésus, cette blessure, cette ablation qui restera pour toujours, indique qu'il est fils d'Abraham, qu'il est définitivement dans l'alliance avec son Dieu : ce signe incisé dans le corps de Jésus exprime le fait qu'il est juif, et juif pour toujours. Luc rappelle cet exemple parce qu'il est décisif pour l'identité et l'appartenance de Jésus : c'est un signe de la promesse qui avait été faite aux Pères et qui s'est désormais accomplie (voir Lc 1,72-73), même si ce signe sera dépassé par la Nouvelle Alliance, pour laquelle apparaîtra nécessaire « une circoncision qui n'est pas de main d'homme » (Col 2,11), une circoncision du cœur, d'ailleurs déjà prêchée par les prophètes (voir Jr 4,4).

Ainsi, rappeler la circoncision de Jésus est important et décisif pour affirmer qu'elle n'est pas la marque d'un peuple rebelle – comme l'ont malheureusement interprétée parfois certains Pères de l'Église ! – mais bien plutôt qu'elle est un signe de la participation des fils de la descendance d'Abraham à l'Alliance établie par Dieu, hier et aujourd'hui. Elle est donc la manière de réaffirmer que la promesse de Dieu pour eux ne décline pas : ils restent le peuple de Dieu dans lequel se trouve le Christ, Jésus de Nazareth.

Mais la circoncision est aussi le moment où l'on donne son nom à un enfant, et c'est ce qui se produit pour Jésus : Joseph et Marie l'appellent Yeshoua, une forme abrégée de Yehoshoua, « le Seigneur sauve ». Et ce nom – qui fait référence au Nom imprononçable de Dieu, YHWH, et à l'action de sauver – est donné par Dieu lui-même, et non par les hommes. Jésus est un enfant qui naît suivant la décision, la volonté et l'action de Dieu et c'est donc à Dieu qu'il appartient de lui donner son nom, un nom qui indique qui est Jésus : c'est une invocation de salut – « Seigneur, sauve ! » – mais c'est aussi une action de salut – « le Seigneur sauve ». Ce nom, et sa forte signification que Jésus incarne, habilitera Jésus lui-même à être appelé, par la communauté chrétienne qui croit en lui, « Fils de Dieu et Seigneur » (voir Lc 1,30-33).

C'est là le Nom saint par lequel les hommes seront sauvés, le Nom à travers lequel seront réalisés des signes, le Nom grâce auquel le royaume de Dieu s'étendra et Satan reculera.

Et toute l'histoire chrétienne fait le récit de la force, de la sainteté et de la grâce de ce Nom, lorsqu'il est invoqué de tout cœur dans la joie ou dans les pleurs, au début de la vie ou au seuil de la mort : « Jésus, doux souvenir », chante une hymne ancienne.

Jésus, enfin, né sous la loi – donc circoncis, appelé par son propre nom, qui exprime la vocation et la mission que Dieu lui a confiées – est « né d'une femme » (Ga 4,4), et cette femme est Marie, la vierge de Nazareth choisie par Dieu. C'est par l'œuvre de l'Esprit saint que Marie est devenue enceinte, c'est par la volonté de Dieu qu'elle a donné naissance à celui que Dieu seul pouvait donner à l'humanité. Le Très-Haut s'est fait Très-Bas, l'infini s'est fait fini, l'éternel s'est fait temporel, le fort s'est fait faible, l'immortel s'est fait mortel et l'Esprit s'est fait chair : et cela, dans le sein de Marie. Oui, l'Esprit saint s'est emparé de la capacité de Marie à être mère et a transformé sa maternité en une maternité divine : le fruit béni du sein de cette femme est Jésus, la bénédiction de Dieu promise à Abraham et désormais faite chair, faite homme afin que tous les peuples soient bénis. En Marie, « la terre a donné son fruit ; Dieu, notre Dieu nous a bénis » (Ps 67,7). Cette bénédiction, maintes fois répétée par les prêtres – « que le Seigneur montre sa face » –, s'est finalement réalisée : c'est le visage de Jésus, appartenant à Israël, le fils de Marie !

Au début de l'année civile, qui est devenu, de fait, le début de l'année selon laquelle nous rythmons la succession des événements de notre vie, cette fête nous offre un message hautement significatif : la bénédiction de Dieu pour l'humanité – c'est-à-dire Jésus, né de Marie, symbole de l'humanité tout entière – est sur nous chaque jour. C'est une bénédiction de noces entre Dieu et l'humanité.

Épiphanie

Un Messie destiné à tous

De Noël à l'Épiphanie, de la présence à la manifestation : voilà le mouvement selon lequel la liturgie de l'Église nous conduit. À Bethléem, Jésus a été mis au monde par Marie, la femme de Nazareth, l'épouse de Joseph, la pauvre fille d'Israël ; et les bergers, accourus à la parole que leur a adressée l'ange, ont vu « un nouveau-né enveloppé de langes et couché dans une mangeoire » (Lc 2,7.12.16). Oui, Jésus, le Sauveur, le Christ Seigneur, est désormais une présence au milieu de son peuple : né à Bethléem, la ville de David, il est le descendant de David à qui revient le titre de Messie, de roi des Juifs ! C'est précisément l'évangile selon Matthieu, pourtant si enraciné dans le terroir judaïque, qui met en évidence le fait que, certes, Jésus est juif, il est celui qui accomplit la promesse faite à Abraham, mais qu'il est aussi destiné à toute l'humanité, qu'il doit donc être révélé à tous les peuples, aux *goïm*, aux païens.

Nous connaissons bien le récit de l'Évangile (que seule rapporte la narration matthéenne : Mt 2,1-12), bien présent, depuis toujours, dans la tradition spirituelle et liturgique chrétienne et capable, toujours à nouveau, d'étonner le cœur des croyants. De l'Orient, la terre de la sagesse des peuples, quelques sages (leur nombre n'est pas indiqué ni le fait qu'il se soit agi de rois) viennent à Jérusalem, la ville sainte des Juifs, comme en pèlerinage. Eux n'appartiennent pas à la descendance d'Abraham, ils ne sont pas parmi les héritiers de la promesse, ils ne connaissent pas le Dieu vivant et vrai, ils ne sont pas circoncis, et ne font donc pas partie de l'Alliance qui a pour signe cette inscription dans la chair ; ainsi, dans leur voyage, ils ne sont pas guidés par la parole de Dieu. Mais leur recherche de Dieu, leur lutte anti-idolâtre, leur manière de penser, de méditer, de scruter la nature, leur donnent la possibilité d'une lecture visionnaire, qui les porte à suivre le signe entrevu dans la lumière d'une étoile. Car même une étoile peut indiquer un chemin... Obéissant à la conscience que leur recherche leur a fait acquérir, ils viennent à Jérusalem, prêts à interroger la sagesse d'Israël, la sagesse révélée, pour voir leur attente comblée. Les grands prêtres et les scribes, dépositaires de la capacité et de la mission d'interpréter les prophéties, répondent, en vérité, de façon infaillible, même s'ils restent, quant à eux, dans l'obscurité, aveugles face à l'accomplissement de l'événement messianique, troublés et aveuglés, tout comme Hérode. Les Écritures témoignent que le roi des Juifs doit naître à Bethléem ; et les mages, toujours obéissants, mais non plus seulement à leur recherche humaine, désormais, mais aux Écritures d'Israël, atteignent la maison où, une fois entrés, « ils virent l'enfant avec Marie, sa mère » (Mt 2,11). Eux aussi, comme les bergers, voient une réalité tout humaine et pauvre. Mais cette réalité est une révélation, c'est une manifestation, c'est une épiphanie qui provoque l'adoration et l'offrande.

Cette épiphanie, qui rejoint les peuples païens à travers les mages, souligne la primogéniture d'Israël, et elle ne l'annule pas : car aux Israélites appartiennent « l'adoption, la gloire, les alliances [...], les promesses et d'eux, surtout, est issu le Messie » (Rm 9,4-5). Mais elle met aussi en évidence le fait que l'enfant est destiné, comme bénédiction, à tous les peuples, à toute l'humanité. L'universalité de la Bonne Nouvelle est immédiatement affirmée, au moment déjà de la naissance de Jésus ; l'épisode des mages apparaît comme une prophétie qui s'accomplira dans l'histoire de l'Église, lorsque l'Évangile atteindra toutes les nations, toutes les cultures des peuples. Toutes les cultures et les traditions des peuples comportent, disséminés en elles, des signes, des traces de la parole de Dieu : ce sont les « graines » de la parole. Dans les cultures, l'Esprit saint répand son souffle, qui a guidé les hommes sur des chemins de lutte antiidolâtre, les a animés dans leur recherche de sens. En tous lieux, en tous temps et dans toutes les cultures, l'homme, en effet, est marqué par une identité substantielle et il porte toujours en soi l'image de Dieu, qui ne peut jamais être niée ou annulée.

L'Épiphanie est alors le rappel que Jésus, le Messie, Fils de Dieu et Fils de l'homme, est destiné à l'humanité entière et que celle-ci est capable de le reconnaître au point d'avoir part à l'héritage d'Abraham : la bénédiction de Dieu. Mais l'Épiphanie comporte aussi un avertissement pour les chrétiens : on peut être connaisseur de la Parole, voire chargé de l'interpréter, et rester dans l'aveuglement, lorsque l'on se nourrit d'autosuffisance, de mépris pour les autres, les non-chrétiens, et quand on refuse de s'ouvrir à l'écoute des autres. On peut être expert à garder le trésor des Écritures saintes, on peut être fier de ses certitudes de foi, et, tout à la fois, ne pas reconnaître que Dieu agit dans notre « aujourd'hui ». Oui, parfois les étrangers, les « autres », prennent notre place et ce sont eux qui accomplissent la volonté de Dieu !

Baptême du Seigneur

L'immersion dans l'humain

Jean le Baptiste a commencé sa prédication par un cri : « Convertissez-vous, car le Royaume des cieux s'est approché » (Mt 3,2). Et voici qu'à cet appel adhèrent de nombreux Juifs qui, ayant décidé dans leur cœur de changer de mentalité et de comportement, de produire des fruits de pénitence, se font immerger par Jean dans les eaux du Jourdain. Jean est exigeant : le geste de l'immersion ne suffit pas pour trouver le salut face au jugement imminent, il n'est pas même suffisant de revendiquer son identité de fils d'Abraham. Non, il faut un mode de vie qui manifeste la volonté de ne plus se plier à l'injustice, de renoncer à être pécheur : alors les péchés seront pardonnés.

Qui croit à cette prédication de Jean et l'accueille ? Non pas les prêtres ni les officiants du Temple, pas les scribes non plus ni les connaisseurs de la loi, mais des femmes et des hommes visiblement en état de péché, figurés par le binôme « prostituées et publicains » (Mt 21,32). Visiblement, on peut donc imaginer une file de personnes « montrées du doigt », qui vont au Jourdain auprès du Baptiste : et Jésus se met, lui aussi, dans cette rangée de pécheurs ! Action scandaleuse, même pour les chrétiens des premières communautés, dont certains chercheront à minimiser l'événement jusqu'à presque l'oublier ; mais l'Évangile, mieux les quatre évangiles en témoignent avec clarté : Jésus s'associe aux pécheurs, il se montre parmi eux et, comme un des leurs, demande à Jean l'immersion. Selon l'évangéliste Matthieu, le Baptiste aurait voulu empêcher ce geste de Jésus et proteste résolument. Mais Jésus, avec tout autant de détermination, lui demande : « Laisse faire pour l'instant ! », et l'invite à accomplir avec lui la justice de Dieu, à exprimer la volonté de Dieu et non la sienne propre (voir Mt 3,13-15). Oui, la justice de Dieu n'est pas la justice de l'homme, même si cette dernière en est le fruit : la justice de Dieu, en effet, est cette cohérence particulière à travers laquelle Dieu entend réaliser sa miséricorde envers les pécheurs, son dessein universel de salut.

L'épisode du baptême est la première occasion où Jésus, homme mûr, entre en scène, en public : il n'est protagoniste ni de miracles ni d'un enseignement, mais c'est un homme qui s'associe aux hommes pécheurs, un disciple qui s'abaisse devant son maître. Jésus commence son ministère dans la solidarité avec l'humanité pécheresse, dans un mouvement d'humilité. Il ne se présente pas comme un sauveur puissant, il ne se révèle pas par des actions prodigieuses, mais il se tient en compagnie des pécheurs qui tentent de se convertir : le chemin que Jésus entreprend, dès ses premiers pas, est un chemin d'abaissement, d'anéantissement, d'humiliation.

Alors, au moment précis de l'immersion de Jésus dans cette eau chargée des péchés de l'humanité, la voix du Père se fait entendre : « Tu es mon Fils bien-aimé, en toi je mets ma joie » (Mc 1,11). Dieu voulait voir Jésus exactement ainsi : là, au milieu des pécheurs ; et dans cet acte même d'abaissement, il voulait le combler de l'Esprit saint. Et c'est ainsi que cela s'est passé. Les évangiles nous disent que Jésus a commencé sa vie d'homme mûr en racontant Dieu, en parlant et en œuvrant en son nom : pour cette raison, il a été oint, il a été consacré par l'onction du Saint-Esprit. Dans le baptême de Jésus, précisément, il nous est donné de saisir l'unité du salut en Dieu, qui œuvre à travers le Fils Jésus en lui conférant toute la puissance de l'Esprit saint.

Mais cette fête de l'immersion de Jésus est pour nous mémoire aussi d'une immersion qui a eu lieu au début de notre vie chrétienne – notre baptême – et, tout à la fois, mémoire de la voix de Dieu adressée à chacun de nous : « Tu es mon fils. » Chacun de nous est fils de Dieu, chacun est le lieu de la grande joie de Dieu, s'il reste sur le chemin de la conversion, du retour à lui ; chacun de nous est le lieu où descend et repose le Saint-Esprit, s'il sait l'invoquer et tout prédisposer à son accueil. C'est ainsi que nous pouvons nous sentir fils de Dieu, capables de l'appeler : « Abba, père aimé », capables de respirer l'Esprit saint.

Le baptême de Jésus nous rappelle que le Saint-Esprit est descendu sur lui et qu'il l'habitait de ses énergies : des énergies apparemment faibles, désarmées, mais plus puissantes que toute autre force, tant de mort que de vie ; des énergies divines, non créées. Et ce sont précisément ces énergies qui habitent chaque chrétien dès le jour de son propre baptême : des énergies cachées, qui ne cessent toutefois de se montrer efficaces dans sa vie ; des énergies plus fortes que le péché et, comme nous le verrons un jour, plus fortes aussi que la mort.

Mercredi des Cendres

À la recherche de la vérité de notre être

Chaque année le carême revient, un temps « plein », de quarante jours, que les chrétiens ont à vivre tous ensemble comme un temps de conversion, de retour à Dieu. Toujours les chrétiens doivent vivre en luttant contre les idoles séduisantes, toujours le temps est favorable pour accueillir la grâce et la miséricorde du Seigneur ; pourtant, l'Église – qui, avec intelligence, connaît l'incapacité de notre humanité à vivre dans une tension forte le chemin quotidien vers le Royaume – demande qu'il y ait un temps précis, qui se détache du quotidien, un temps « autre », un temps fort, durant lequel faire converger dans l'effort de conversion la majeure partie des énergies que chacun possède. Et l'Église demande que ce temps soit vécu simultanément par tous les chrétiens, que tous accomplissent ainsi cet effort ensemble, en communion et en solidarité. Ce sont donc quarante jours pour retourner au

Seigneur, pour répudier les idoles séduisantes mais aliénantes, pour mieux connaître la miséricorde infinie du Seigneur.

La conversion, en effet, n'est pas un événement réalisé une fois pour toutes, mais c'est un dynamisme qui doit être renouvelé dans les divers moments de l'existence, aux différents âges, et surtout quand le temps qui passe conduit le chrétien à s'adapter à la mondanité, à être gagné par la fatigue, à perdre le sens et le but de sa vocation, et à vivre ainsi sa foi dans une sorte de schizophrénie. Oui, le carême est le temps pour retrouver sa propre vérité et sa propre authenticité, avant même d'être un temps de pénitence ; ce n'est pas un temps où « faire » quelque œuvre particulière de charité ou de mortification, mais c'est un temps pour redécouvrir la vérité de son propre être. Jésus affirme que même les hypocrites jeûnent, même les hypocrites font la charité (voir Mt 6,1-6 ; 16-18) : pour cette raison, précisément, il s'agit d'unifier sa vie devant Dieu et d'ordonner la fin et les moyens de la vie chrétienne, sans les confondre.

Le carême veut réactualiser les quarante ans d'Israël au désert, en guidant le croyant à la connaissance de soi, c'est-à-dire à la connaissance de ce que le Seigneur connaît déjà du croyant lui-même : une connaissance qui n'est pas faite d'introspection psychologique, mais qui trouve sa lumière et son orientation dans la parole de Dieu. Comme le Christ, durant quarante jours au désert, a combattu et vaincu le tentateur grâce à la parole de Dieu (voir Mt 4,1-11), le chrétien est appelé à écouter, à lire, à prier plus intensément et plus assidûment la parole de Dieu contenue dans les Écritures – dans la solitude comme dans la liturgie. La lutte du Christ au désert devient alors vraiment exemplaire et, luttant contre les idoles, le chrétien renonce à faire le mal qu'il est habitué à faire et commence à faire le bien qu'il ne fait pas ordinairement ! Émerge ainsi la « différence chrétienne », ce qui constitue le chrétien et le rend éloquent dans le compagnonnage avec les hommes, qui le rend capable de manifester l'Évangile vécu, l'Évangile fait chair et vie.

Le mercredi des Cendres marque le début de ce temps propice du carême. Il est caractérisé, comme le dit son nom, par l'imposition des cendres sur la tête de chaque chrétien. Aujourd'hui, ce geste n'est peut-être plus compris ; mais s'il est expliqué et qu'on en pénètre le sens, il peut s'avérer plus efficace que des mots pour transmettre une vérité. La cendre, en effet, est le résultat du feu qui brûle, elle renferme le symbole de la purification, elle constitue un rappel de la condition de notre corps qui, après la mort, se décompose et devient poussière : oui, tout comme un arbre luxuriant, une fois abattu et brûlé, devient cendre, ainsi se décompose notre corps retourné à la terre ; mais cette cendre est destinée à la résurrection.

Cette riche symbolique de la cendre, l'Ancien Testament la connaît déjà, tout comme la prière juive : se couvrir la tête de cendres est un signe de pénitence, de volonté de changement à travers l'épreuve, à travers le creuset, le feu purificateur. Certes, ce n'est qu'un signe, qui demande à signifier un événement spirituel authentique, vécu dans le quotidien du croyant : la conversion et la repentance d'un cœur contrit. Mais précisément en raison de sa qualité de signe, de geste, s'il est vécu avec conviction et dans l'invocation de l'Esprit, il peut s'imprimer dans le corps, dans le cœur et dans l'esprit du chrétien, en favorisant ainsi l'événement de la conversion.

Autrefois, au cours du rite de l'imposition des cendres, on rappelait au chrétien avant tout sa condition d'homme, tiré de la terre et qui retourne à la terre, selon la parole du Seigneur dite à Adam pécheur (voir Gn 3,19). Aujourd'hui, le rite s'est enrichi de significations ; les mots qui accompagnent en effet ce geste peuvent aussi être ceux de l'invitation faite par Jean Baptiste et par Jésus lui-même au début de leur prédication : « Convertissez-vous et croyez à l'Évangile. » Oui, recevoir les cendres signifie prendre conscience que le feu de l'amour de Dieu consume nos péchés ; consumés par la miséricorde de Dieu, ils sont « de peu de poids » ; regarder ces cendres signifie confirmer notre foi pascale : un jour, nous serons cendre, poussière, mais destinée à la résurrection. Oui, dans notre Pâque, notre chair ressuscitera et la miséricorde de Dieu, comme un feu, consumera nos péchés dans la mort.

En vivant le mercredi des Cendres, les chrétiens ne font rien d'autre que réaffirmer leur foi dans la réconciliation avec Dieu en Christ, leur espérance d'être un jour ressuscités avec le Christ pour la vie éternelle, leur vocation à la charité qui n'aura jamais de fin. Le jour des Cendres est l'annonce de la Pâque, pour chacun de nous.

Carême (1)

Un temps pour lire et pour se lire

Quand les chrétiens comprenaient le carême et l'observaient (peut-être dans un esprit légaliste, mais l'observaient) comme un temps marqué par des renoncements et des pratiques pénitentielles, la langue italienne comportait une expression populaire pour indiquer une chose difficile et ennuyeuse : « Long comme le carême ! » Plus personne, aujourd'hui, ne recourt à cette exclamation, pour le simple fait que le carême n'est plus vécu « au prix coûtant », comme l'exigerait un temps qui se veut « fort », un temps « autre » par rapport au quotidien, un temps que les chrétiens vivraient simultanément et tous ensemble comme une tension, un effort, un désir de conversion et de retour à Dieu. Aujourd'hui, nous avons conscience que les musulmans vivent un temps analogue, à travers le jeûne du lever au coucher du soleil, durant tout le mois du ramadan, que les juifs le vivent à l'occasion du Yom

Kippour, que les chrétiens de tradition orthodoxe et orientale continuent à le vivre ; mais nous, chrétiens d'Occident, ne comprenons pas la spécificité chrétienne de ce temps. Pourtant, dans la liturgie de l'Église, on continue à évoquer « le jeûne, les pratiques pénitentielles, l'abstinence », manifestant ainsi une véritable schizophrénie entre ce que l'on prie et ce que l'on vit.

En réalité, il est temps que les chrétiens, s'ils veulent vraiment être des croyants mûrs, renouent avec une pratique prophétique du carême, parce qu'en cela aussi réside la « différence chrétienne », qui apparaît visible à travers leur comportement, et devient ainsi capable de rendre compte de l'espérance qui habite le cœur des croyants. Il ne s'agit pas de recommencer à se conformer, de manière légaliste et méritoire, à des observances, mais d'appliquer, de mettre en pratique certaines options qui, précisément en ce qu'elles sont une aide pour la vie chrétienne, promettent aussi une meilleure qualité de vie humaine et sociale. Je voudrais proposer ici un itinéraire pour le carême, en cherchant à méditer sur certaines attitudes que la grande tradition ecclésiale a indiquées comme distinctives pour ce temps fort : la lecture, le jeûne, le silence, la lutte spirituelle, le partage.

Commençons par la lecture. Dans sa Règle, saint Benoît prévoit qu'au début du temps du carême chaque moine reçoive un livre de la bibliothèque et le « lise à la suite et en entier », chaque jour, le matin tôt (RB 48,14-15). Cette disposition a été fixée à une époque – le Ve siècle – où les livres étaient rares, et les novices bien souvent analphabètes ; et pourtant... Très récemment, par ailleurs, en 2002, les évêques français ont adressé aux chrétiens une lettre pleine de sagesse concernant l'acte de lire, précisément. Il s'agit en effet d'une pratique importante dans la vie chrétienne : non pas tant d'une opération intellectuelle, mais plutôt d'un instrument pour approfondir la foi, pour accueillir les dons d'une tradition riche de connaissances, pour vaincre la peur de penser, pour ouvrir son cœur aux nouveautés et à ce qui a été recherché par d'autres. Pour un chrétien – conscient que la parole de Dieu est contenue dans le livre par excellence, la Bible –, l'opération de la lecture devient nécessaire presque autant que l'écoute : la Bible est le sacrement de la Parole.

Oui, pour cette simple raison qu'on lit peu aujourd'hui, parce que même les chrétiens lisent peu, le temps du carême peut devenir l'occasion de se consacrer à cet exercice. Nombreux sont les livres qui fournissent une nourriture solide pour la vie chrétienne, des livres qui savent procurer la joie, le plaisir de découvrir certains aspects inexplorés des trésors du mystère chrétien. La lecture, en effet, a toujours été une rencontre entre deux paroles : la parole fixée dans l'écriture et la parole intérieure du lecteur. C'est en ce sens que Jean-Louis Chrétien observe que « le corps du lecteur se fait icône d'intériorité, garantie sensible de recueillement », et que Wallace Stevens arrive à affirmer que « le lecteur devient le livre et le livre se lit soi-même à travers celui qui se penche sur lui ». Une rencontre, donc, qui tend et conduit à une connaissance toujours plus profonde : seul celui qui connaît mieux aime aussi davantage, et cela vaut également dans notre relation avec le Seigneur.

Si un chrétien décide de consacrer du temps à la lecture, il démontre en premier lieu qu'il s'efforce d'organiser, de dominer le temps de sa journée : cette lutte contre le temps, qui se produit aussi lorsqu'on fait de la place pour la prière, est déjà une attitude anti-idolâtre. L'idole du temps aliène le chrétien, mais celui-ci ordonne, domine, rachète le temps et, donc, le sanctifie, en introduisant une opération « autre » dans la succession des heures et en se prédisposant à penser, à se laisser interroger et à chercher des réponses et des découvertes fructueuses. Cela enrichira sa manière personnelle de se situer face à Dieu et au monde, cela lui enseignera d'autres perspectives d'où observer ce qui se produit autour de lui, cela permettra une confrontation féconde entre la Parole, vraie lumière de l'intelligence, et les paroles lues : saint Augustin pensait que « lire, c'est dialoguer avec les absents » ; et cela a lieu aussi dans la *lectio divina*, où l'Absent est invisible mais présent et vivant plus que jamais.

Certes, au cœur de la vie chrétienne, il doit y avoir la lecture de la parole de Dieu, cette *lectio divina* qui permet de goûter le vin des Saintes Écritures, mais la sagesse de Dieu est présente aussi dans tant de livres que la rencontre entre la Parole elle-même et ceux qui l'ont lue avant nous a inspirés. Lire un livre signifie accomplir une opération visant à lire le monde et l'histoire, et accepter que ce désir ait déjà habité des poètes, des gens de lettres, des prophètes, des musiciens, des hommes et des femmes de tous horizons qui ont vécu de multiples manières et ont écrit des choses diverses. Italo Calvino a noté ceci : « Lire, cela signifie se dépouiller de toute intention et de tout parti pris pour être prêt à saisir une voix qui se fait entendre au moment où l'on s'y attend le moins, une voix qui vient d'on ne sait où, de quelque lieu au-delà du livre, au-delà de l'auteur, au-delà des conventions de l'écriture. Du non-dit, de ce que le monde n'a pas encore dit de soi et n'a pas encore les mots pour dire. » Oui, si le carême est un temps de renouvellement, ce doit être un temps pour scruter ce non-dit, un temps pour penser : peut-être est-ce bien pour cela qu'au Ve siècle déjà on transmettait la lecture comme une activité quadragésimale.

Carême (2)

Un temps pour veiller sur le silence

La tradition spirituelle chrétienne a toujours compris le temps du carême à travers la métaphore du désert : c'est un temps « autre », qui se caractérise par la pratique de la « vie à l'écart », de la solitude et du silence, en vue surtout d'écouter le Seigneur et de discerner sa volonté. Cette attitude qui cherche à faire taire les paroles et les présences autour de soi a pour fonction de discipliner le rapport entre la Parole de Dieu et les paroles : le silence devient occasion et instrument pour donner la priorité à la Parole, pour lui attribuer une centralité dans l'ensemble de la journée, de sorte qu'elle soit véritablement écoutée, accueillie, méditée, gardée, et, ainsi, réalisée avec intelligence. L'écoute de la Parole se révèle vaine si elle n'est pas accompagnée par ce silence qui fait taire les autres voix et sait les soumettre à la Parole.

Le silence, en outre, est nécessaire pour faire naître une parole humaine autorisée, communicative, pénétrante, riche de sagesse et capable de communion : combien de fois, au contraire, il nous semble écouter des paroles « vaines », parce que non engendrées par le silence, des paroles vides de sens, qui ne sont rien d'autre que du bruit, que l'apparition braillarde des pires sentiments qui nous habitent. « La bouche – nous dit l'Évangile – parle de la plénitude du cœur », et seul le silence intérieur peut faire taire les pensées, les images, les jugements, les murmures, les méchancetés qui naissent dans le cœur humain (voir Mc 7,21). De cette manière, selon Basile de Césarée, seul « l'homme capable de silence est source de grâce pour ceux qui écoutent et sait offrir aux autres des paroles de paix et de consolation ».

La spiritualité chrétienne a toujours prêté une grande attention au silence, expérience vécue surtout par les moines, qui sont parvenus même à projeter et à réaliser une architecture du silence : ce n'est pas un hasard si les monastères ont toujours attiré des hommes et des femmes de toute condition, en leur offrant comme don premier des espaces de silence en vue d'une communication authentique avec Dieu et avec les autres, en vue d'une liberté spirituelle affinée.

Mais aujourd'hui, il est devenu si difficile de vouloir le silence, de le créer, de le vivre… Le silence est le grand absent de notre société, de nos villes, de nos maisons, de nos corps, de notre vie en somme. La modernité a aussi signifié le triomphe du bruit, elle nous a imposé une condition durable de non-silence, de non-pause à tous les niveaux et en toutes circonstances de notre existence. Les effets de cette prédominance du bruit assourdissant se répercutent sur les personnes, toujours moins capables de « vivre consciemment le temps », toujours moins disposées à acquérir une vie intérieure profonde et à s'exercer à la communication à travers tous les sens, même spirituels. On craint le silence comme s'il était un abîme vide, à remplir à tout prix avec n'importe quel bruit, alors qu'il est en réalité ce qui permet de « bien » écouter la vie.

Simultanément, on perçoit que le silence est aussi une exigence anthropologique et l'on commence à s'interroger sur le sens de nombreux comportements adoptés au cours des dernières décennies : l'invasion de l'information, sa rapidité de diffusion qui étouffe la personne et lui empêche toute réception et toute réflexion durable ; la domination souveraine des médias, qui dictent des idées et des convictions préfabriquées, qui suscitent des besoins et établissent le primat de la fiction sur la réalité ; l'usage aussi stupidement diffus de ce qu'on appelle la « musique de fond », qui habitue à une écoute inattentive et fortuite... Pourquoi ne pas réagir à ces dominantes qui aliènent et rendent barbares nos facultés intérieures, et nous rendent toujours moins capables de communiquer avec les autres et de vivre avec nous-mêmes ? Désormais, nous vivons plus souvent « hors » de nous-mêmes qu'intérieurement. Pourquoi ne nous rebellons-nous pas contre cette condition de spectateurs-auditeurs forcés de conversations « portables », qui brisent le silence et s'imposent avec prépondérance à tous et partout, des trains aux lieux publics, des salles de réunion aux salles de cours, des refuges de montagne aux plages ensoleillées ?

Le carême peut nous fournir l'occasion d'un « jeûne » des paroles et des sons, pour favoriser une recherche et une pratique des temps de silence durant la journée et de vigilance sur les paroles, afin qu'elles ne soient jamais violentes ni vaines. Saint Benoît, dans sa Règle, invite le moine à limiter sa loquacité durant le carême, dans la liberté et la joie de l'Esprit saint. Oui, tout chrétien, pour vivre une vie meilleure, plus belle, une vie caractérisée par la béatitude, doit s'exercer à apprendre le silence, à garder le silence. Sinon, il finira par perdre le contact avec sa réalité authentique :

il ne s'appartiendra plus, il n'écoutera plus son monde intérieur et ne sera plus en mesure d'écouter Dieu.

Si Dieu, selon les prophètes, appelle son épouse au désert pour parler à son cœur, c'est parce que dans le désert règne le silence et qu'il est possible de saisir la présence de Dieu dans la « voix d'un silence ténu » (1 R 19,12). Oui, on peut et on doit écouter le silence de la terre, de l'air immobile, des pierres, des plantes et des corps ; on découvre alors en eux un langage fait ni de sons ni de paroles, et pourtant éloquent : un autre langage, une autre musique ! Et de même en nous : Pierre, dans sa première lettre, nous rappelle qu'il existe en nous « un homme caché dans le cœur » (1 P 3,4) ; si celui-ci est méconnu, comment le Dieu caché pourrait-il se faire entendre à lui ? Oui, le silence que nous craignons et que nous refoulons, comme la mort, est en réalité un exemple d'hospitalité de l'autre en nous, il est ouverture à l'écoute : pour un chrétien, il est accueil et écoute de Dieu, et du frère créé à son image.

Carême (3)

Un temps pour aimer le jeûne

On ne peut pas vivre le carême sans vivre le jeûne. Plus encore, le carême – comme en témoignent les textes liturgiques que les chrétiens continuent à prier durant ces quarante jours – est le temps par excellence du jeûne. Mais nous savons tous que le jeûne, malheureusement, a perdu sa signification pour les chrétiens d'Occident – à la différence de ce qui a lieu aujourd'hui encore dans les Églises orthodoxes et orientales – et que presque personne, désormais, ne croit plus que le rapport avec la nourriture est un lieu d'expérience spirituelle. Le jeûne apparaît donc comme une observance des temps passés, quand l'ascèse était considérée comme nécessaire pour aller au Paradis et quand, paradoxalement, la faim était une expérience possible pour la majorité des personnes. Toutefois, et c'est un autre paradoxe, le jeûne est aujourd'hui souvent au centre de l'attention : on tente de le pratiquer pour des raisons diététiques, pour des motifs esthétiques ou sportifs. D'autres fois, il apparaît aussi comme un moyen de lutte et de protestation, sous le nom plus politique de « grève de la faim » : un jeûne affiché avec ostentation, qui doit « apparaître », être absolument remarqué et mis en évidence par les médias, sous peine de manquer le but qu'on lui a fixé. Voilà une forme de jeûne qui est le contraire exact du jeûne chrétien, qui, selon le commandement de Jésus, devrait se produire dans le secret (voir Mt 6,16), sans que personne ne s'en aperçoive.

La génération qui est la mienne – qui a encore pratiqué le jeûne dès minuit avant la célébration eucharistique, le jeûne la veille des fêtes et celui, toutefois déjà atténué, du carême – s'est accommodée de manière acritique et sans résistance de la perte de cet instrument absolument nécessaire pour une vie chrétienne mûre. Est-il trop tard pour reprendre cette pratique si prophétique, si capable de résistance face à la consommation sans bride et à l'égoïsme ? Convaincu comme je le suis que le lieu indépassable des décisions et des attitudes reste la conscience, le cœur du chrétien, je crois alors nécessaire de reproposer le jeûne.

Nous connaissons bien cette atmosphère qui règne en Occident, où résonnent, obsessionnels, les messages qui demandent « tout, davantage et tout de suite », où les modèles visent cette voracité que l'on appelle « consommation de masse » et où règnent de « nouveaux dieux et seigneurs » qui imposent des comportements fermés sur eux-mêmes et narcissiques, masquant un égoïsme qui ne reconnaît plus l'autre et, moins encore, parmi les autres, les derniers et ceux qui sont dans le besoin. Disons la vérité : les rares fois où l'on demande aujourd'hui le jeûne aux chrétiens, on le pratique sous la forme – menacée par l'hypocrisie – d'un repas sacrifié en faveur des victimes de la faim, ou comme engagement pour la paix. C'est bien trop peu ; et, quoi qu'il en soit, le jeûne chrétien, celui « commandé » – oui, commandé ! – par Jésus et par l'Église primitive, est autre chose, qu'il s'agit par ailleurs de ne pas confondre avec le jeûne pratiqué par les musulmans durant le mois du ramadan.

Pourquoi, donc, le jeûne chrétien ? Il faut dire qu'il est nécessaire de le pratiquer pour le comprendre et pour en saisir les motivations profondes. Tout d'abord, jeûner signifie imposer une discipline à l'oralité. Les moines, en particulier, ont eu conscience que la nourriture entraîne avec elle une dimension affective extraordinairement puissante : l'anorexie et la boulimie sont les indices de troubles affectifs qui se répercutent sur l'alimentation. Voilà pourquoi le comportement alimentaire de l'homme reçoit un « surplus » de sens : il ne dépend pas seulement des besoins physiologiques, mais il appartient au registre de l'affectivité et du désir. L'oralité, alors, exige une discipline pour passer du besoin au désir, de la consommation à l'attitude eucharistique du remerciement, de la nécessité individuelle à la communion. C'est ici que l'eucharistie enseigne au chrétien l'exercice et l'expérience de la communion, du partage. Voilà la raison du jeûne avant l'eucharistie : il s'agit non pas d'une mortification en vue d'être digne, non pas d'une pénitence méritoire, mais d'une dialectique jeûne-eucharistie, d'une discipline du désir, afin de discerner ce qui est véritablement nécessaire pour vivre, au-delà du pain. À travers le jeûne, il s'agit de dominer le vecteur de la consommation pour favoriser celui de la communion.

Mais le jeûne est nécessaire aussi parce qu'il nous fait connaître ce dont nous sommes habités : celui qui essaie de jeûner sait qu'à partir du deuxième ou du troisième jour il voit surgir en lui la colère, la mauvaise humeur, les besoins impérieux... Ce sont là chaque fois des occasions pour se poser des questions essentielles : Qui suis-je, en réalité ? Quels sont mes désirs les plus profonds ? De quoi suis-je intérieurement touché ? Quand suis-je mécontent, insatisfait, et quand suis-je, par contre, en paix ? Oui, le jeûne aide à creuser en profondeur, à se connaître dans son intimité, dans le secret où Dieu nous voit et où on le trouve (voir Mt 6,6). Certes, le jeûne sera aussi une œuvre de pénitence, une pratique de solidarité et de partage, mais ce sera surtout une manière de nous éprouver nous-mêmes dans notre rapport avec la nourriture, pour discerner notre véritable faim et notre authentique rapport à Dieu et à nos frères. Dans le jeûne, en effet, notre prière se fait corporelle, elle s'incarne en chacun de nous, et notre rapport intellectuel avec la réalité se complète pour confesser à travers les fibres de notre corps que nous cherchons Dieu, que nous désirons sa présence pour vivre, qu'au-delà du pain nous avons besoin de sa parole (voir Mt 4,4).

Le jeûne n'est pas une fin en soi ; il reste un instrument privilégié de la vie spirituelle, devant mener, lui aussi, à l'unique but de la vie chrétienne : la communion avec Dieu et avec les hommes.

Carême (4)

Un temps pour s'abstenir et discerner l'essentiel

Une pratique est étroitement liée au jeûne : celle de l'« abstinence », c'est-à-dire de la privation de quelque chose. Aujourd'hui, face aux mots « privation », « renoncement », même les chrétiens ressentent immédiatement un sentiment de révolte. Pourquoi s'abstenir ? Pourquoi renoncer ? À la limite, quand ils y consentent, les chrétiens cherchent des réponses et des motivations dans le domaine de la charité et de la solidarité : on renonce alors pour en faire profiter les pauvres, en vue d'un partage des biens plus large et plus juste. Ces raisons sont absolument valables, mais elles ne sont pas suffisantes pour donner un fondement existentiel et spirituel à l'abstinence. En vérité, tout être humain a besoin d'actes d'abstention, parfois radicale et définitive, parfois partielle et temporaire, car on ne peut pas tout expérimenter, sans se donner de limites : choisir – et donc exclure quelque chose –, assumer la responsabilité de son choix, reconnaître ses propres limites sont des conditions indispensables pour mûrir humainement, pour dépasser la phase infantile et de l'adolescence dans sa vie. Autrement, on s'engage sur des voies de mort, sur des chemins de dissolution et de violence.

La tradition juive et chrétienne a toujours montré de l'attention pour l'abstention de nourriture, sous la forme de renoncement à certains aliments, les viandes en particulier : de tout type à certaines périodes, ou provenant d'animaux « impurs » ou « sacrifiés aux idoles » ou encore tués sans qu'on en ait versé le sang ou cuits dans le lait de leur mère ; tout cela renvoie au lien profond entre la chair (la viande) et la vie. Aujourd'hui encore, les Églises orthodoxes conservent une législation extrêmement précise concernant l'abstinence de certains aliments et les fidèles s'y conforment avec un grand sérieux ; simultanément, l'Église catholique ne propose à ses fidèles de s'abstenir de viande que les vendredis de carême, permettant qu'on remplace cette pratique par d'autres œuvres les vendredis du reste de l'année. Il demeure toutefois difficile à comprendre pourquoi on doit s'abstenir de viandes, alors qu'on peut manger en revanche le poisson, qui est aujourd'hui un aliment plus recherché, souvent bien plus cher, et pour beaucoup désormais plus habituel que la viande. À mon avis, on n'a pas suffisamment réfléchi au renouvellement de la réglementation de l'abstinence : le résultat, au niveau du langage expressif, en est déplorable et l'incidence sur la vie intérieure des croyants en est risible.

Pourtant, des siècles de tradition spirituelle chrétienne avaient conservé ces pratiques de l'abstinence comme un mémorial nécessaire : pour vivre, il faut manger, certes, mais il faut aussi cesser de manger et s'imposer une limite. C'est-à-dire qu'il faut cesser de manger de tout et ne pas oublier que, pour pouvoir manger de la viande, il est nécessaire d'exercer une violence et de tuer un animal. En effet, l'alliance stipulée par Dieu avec « toute chair » est porteuse d'une dimension anthropologique qui émerge dans l'abstention des viandes : l'homme doit limiter sa violence, qui le conduit à « manger » l'autre, et se souvenir ainsi de l'exigence à être « différent » dans sa relation à l'autre. On dénonce souvent, aujourd'hui, l'attitude possessive et agressive de l'homme envers la nature, la terre, la création, mais on est dans le même temps incapable d'interrompre la relation de violence et de meurtre à l'égard des animaux, qui sont « co-créatures » de l'homme et partagent avec lui le même espace terrestre confié à tous.

Juifs et chrétiens, nous ne pouvons pas oublier que, dans le projet de la création, l'homme a reçu pour nourriture « tout ce qui produit herbe, fruit, semence, sur la surface de la terre » (Gn 1,29-30) et que, dans l'histoire humaine, manger la viande des animaux n'est qu'une concession successive (voir Gn 9,2-3). Renoncer à se nourrir des animaux (et non seulement de ce qu'on appelle la « viande », mais aussi des poissons !) est donc possible et le faire pour des périodes déterminées – comme l'exigeait l'ancienne discipline de l'Église – signifie s'exercer à renoncer à l'avidité agressive envers la « vie » ; cela signifie pratiquer une abstinence qui enseigne à repenser la vie comme un don et la vie de l'animal comme un bien qui n'est pas disponible de manière illimitée, car sa vie, quoi qu'il en soit, appartient à Dieu et non à l'homme. Pour les chrétiens, tous les aliments sont « bons » et aucun ne peut être interdit parce qu'il serait impur : il n'y a aucune prescription à être végétarien ; mais pour se maîtriser soi-même, pour discipliner ses propres pulsions et ses propres besoins, pour parvenir à une liberté intelligente et harmonieuse avec toutes les créatures, l'abstinence des aliments carnés certains jours est utile, voire nécessaire à la vie spirituelle même. Il est bon de ne pas oublier que pour être chrétiens, pour être des hommes et des femmes « eucharistiques », c'est-à-dire qui « mangent la chair du Seigneur », il convient de savoir discerner de quoi on se nourrit et il s'agit de manger avec « action de grâces », et non avec agressivité et violence.

Mais l'Ancien et le Nouveau Testament parlent aussi d'une autre forme d'abstinence temporaire : l'abstinence sexuelle dans l'espace du mariage. C'est un aspect que l'Église, naguère, n'omettait pas de souligner. Mais aujourd'hui, combien de jeunes savent encore qu'un des préceptes de l'Église établit de ne pas célébrer de noces durant les temps prohibés ? Aujourd'hui, on se marie tranquillement et même solennellement durant le carême, en ignorant le sens profond que cette disposition véhiculait. En effet, les actes sexuels vécus par un homme et une femme liés par l'alliance matrimoniale, dans une histoire d'amour, sont saints et bénis par Dieu : l'union sexuelle est une « liturgie des corps » devant Dieu et une invocation de sa bénédiction qui est toujours porteuse de vie en abondance. Que l'on ne pense donc pas que l'Église a une vision cynique et angoissée de la sexualité ! Toutefois, l'Ancien Testament déjà et l'apôtre Paul ensuite (voir 1 Co 7,5) fournissent des conseils pour la pratique d'une abstinence sexuelle temporaire. Il s'agit de prendre de la distance par rapport à une action qui pourrait devenir banale, mécanique, escomptée, et ne plus répondre à un désir ordinaire, raffiné ; il s'agit d'apprendre à attendre que la rencontre se produise comme une œuvre d'art ; il s'agit de se donner dans le respect de son propre corps et de celui de l'autre ; il s'agit de faire converger ensemble les amants vers une tension qui proclame la primauté de Dieu même sur l'amour humain, et davantage encore dans l'amour humain. L'abstinence sexuelle pourra alors être « symphonique », c'est-à-dire assumée d'un commun accord en vue du discernement des désirs, de l'assiduité avec le Seigneur, de la prière et de la contemplation commune de « l'amour qui vaut plus que la vie » !

Carême (5)

Un temps pour s'exercer à la lutte spirituelle

Le temps du carême a toujours été vécu, dans la grande tradition chrétienne, comme un temps d'ascèse, de discipline, de lutte spirituelle : oui, car être chrétien et vivre comme chrétien est un exercice persévérant, une résistance. Malheureusement, on réduit aujourd'hui l'existence chrétienne à une attitude générale de bonté, associée à des sentiments religieux et à une certaine sympathie pour le maître spirituel Jésus Christ. En réalité, être chrétien c'est acquérir peu à peu les contours du disciple et prédisposer tout pour être façonné par l'Esprit saint en conformité avec la vie même du Christ, la vie concrète et humaine qu'a vécue Jésus de Nazareth, le vrai fils de Dieu et l'homme authentique comme Dieu l'a pensé et voulu lors de la création.

Pour cela, il faut une ascèse, comprise avant tout comme un discernement et un engagement qui en découle, c'est-à-dire comme une manière de savoir prononcer avec résolution des « oui » et des « non ». Dire « oui » à ce que je peux être et faire en conformité avec le Christ, dire « non » aux pulsions idolâtres et égocentriques qui nous aliènent et contredisent nos rapports avec Dieu, avec les autres, avec les choses, avec nous-mêmes ; ces rapports qui sont appelés à être caractérisés par la liberté et l'amour. Cette discipline est assurément laborieuse, mais c'est grâce à elle que le labeur parvient à devenir beauté, qualité de la vie authentique et de la vraie vie en commun. Nécessaire est donc aussi la résistance, la lutte spirituelle à l'égard des pulsions, des suggestions, des obsessions qui sommeillent dans le profond de notre cœur, mais qui se lèvent souvent et émergent avec une telle force, une puissance si agressive qu'elles deviennent pour nous tentations séduisantes.

La tradition spirituelle chrétienne est riche de cette connaissance de ce qui se trouve au plus profond du cœur, et tout chrétien mûr est « cardiognostique », connaisseur de l'abîme qui est en chaque homme. L'angoisse qui nous habite, l'angoisse de la mort avant tout, et la volonté de conservation et de vie qui en résulte nous réduisent à penser que nous pouvons combattre la mort par l'affirmation de nous-mêmes, par la possession et l'accaparement de biens, par la voracité et la consommation de tout ce dont nous imaginons qu'il nous aide à vivre. C'est là le terrain sur lequel naissent les tentations et, je le souligne, aucune tentation ne nous est étrangère ! C'est ici que s'impose la lutte spirituelle, ce combat souvent (mais non toujours) invisible, où le chrétien oppose sa résistance au mal et combat ce dernier pour ne pas être vaincu par la tentation. Malheureusement, combien sont aujourd'hui ceux qui connaissent cet art de la lutte spirituelle, que ma génération a encore reçu en héritage de la part de guides spirituels ordinaires et non rares ? De cette façon, les chrétiens se sont simplement accoutumés à succomber aux tentations, convaincus qu'il n'y a rien à faire contre elles, parce qu'ils n'ont jamais rien appris en la matière !

Mais comment est-il possible d'édifier une personnalité humaine et spirituelle robuste sans lutte intérieure, sans cet exercice du discernement entre le bien et le mal, sans cette stratégie pour dire des « non » efficaces et des « oui » convaincus ? Oublions-nous peut-être que, comme en témoignent les évangiles, Jésus lui-même a lutté et n'a pas pu se soustraire à cette confrontation avec le tentateur ? Pourtant, nous devrions tous le savoir : le péché est tapi à la porte de notre cœur, sa soif est orientée vers nous, mais il nous appartient de le dominer (voir Gn 4,7) ; dans le Nouveau Testament, l'Apôtre nous rappelle lui aussi que « le péché nous harcèle », qu'il y a des « dominantes qui nous séduisent », qu'existent des « désirs qui s'opposent à notre liberté ». Oui, il y a une lutte spirituelle exigeante, quotidienne, qui réclame de la part du chrétien l'attitude propre à celui qui va en guerre, mais muni des armes spirituelles. Cette lutte a pour cadre notre cœur, le centre de notre vie psychologique, morale et spirituelle, le lieu de l'intelligence et de la mémoire, de la volonté, du désir et de tous les sentiments, l'espace de la rencontre entre Dieu et l'homme, entre l'homme et son semblable. Mais le cœur peut également se trouver exposé à la maladie de la « sclérocardie », s'il s'est peu à peu endurci par notre non-écoute de la Parole de Dieu et par notre consentement à ce qui contredit la volonté du Seigneur.

Avoir un cœur unifié, un cœur pur, sensible et capable de discernement, un cœur qui conserve et engendre des pensées d'amour : tel est le but de la lutte spirituelle. Quel art passionnant ! Se préparer dans la vigilance à la lutte, à cette lutte que Rimbaud définissait « plus dure que la guerre que se font les hommes » ; reconnaître la pulsion lorsqu'elle survient ; juger si elle est bonne ou mauvaise, et, si elle est mauvaise, résister à y consentir en combattant à l'aide des armes de la *memoria Dei*, de l'invocation du saint Nom du Seigneur Jésus ; prendre la fuite, quand c'est nécessaire, pour ne pas succomber... Oui, en contemplant la bonté de l'amour de Dieu et des autres, en fixant le regard sur cette douceur qui peut nous soutenir, la victoire sur la tentation deviendra possible.

Carême (6)

Un temps pour partager

Parmi les actions que le chrétien devrait accomplir durant le carême, afin de tout prédisposer à l'action de la grâce et de montrer des signes de conversion, il y a aussi l'aumône : un terme aujourd'hui désuet, peu aimé, mais qui, dans son sens premier, signifie « éprouver de la pitié », « avoir dans ses entrailles des sentiments d'amour ». Aujourd'hui, nous pourrions rendre ce mot à travers une expression qui en souligne un aspect et en désigne tout à la fois l'intention chrétienne : « partage avec les plus pauvres ».

Dans l'Ancien Testament déjà, les prophètes avertissaient que le jeûne ne devient authentique et fécond que lorsqu'il s'accompagne d'autres gestes : « partager le pain avec l'affamé, héberger à la maison les pauvres sans abri, vêtir celui qui est nu » (Is 58,7) ; mais pour les chrétiens de l'Église primitive, c'était très précisément dans la pratique du partage que l'on reconnaissait la différence éthique chrétienne par rapport aux païens. Car il ne s'agissait pas seulement de la question, certes importante, des « œuvres de charité » à réaliser sur la base de critères de justice humaine, mais on avait la conscience que les pauvres sont un véritable « lieu théologique » à travers lequel on accède à une révélation sur Dieu : les rencontrer, partager avec eux les biens que l'on possède par héritage, par chance ou par travail, était perçu comme une expérience vive de communion, comme une possibilité concrète d'avoir le même cœur que le Seigneur Jésus, qui « de riche qu'il était s'est fait pauvre pour nous » (2 Co 8,9), de nourrir les sentiments mêmes du Christ (voir Ph 2,5-8). Le christianisme était, en première instance, une manière de vivre dans le monde, et cette terre était comprise comme un don de Dieu destiné à la communion. Parmi les chrétiens, des réflexions comme celles-ci étaient normales : « Tien et mien sont des mots privés de réel fondement », « la nature a voulu que toutes les choses soient communes, pour l'usage de tous : seule l'usurpation a fondé le droit privé », « la communauté est beaucoup plus adéquate à l'ordre naturel que la propriété »... Et ces paroles n'étaient pas celles de chrétiens marginaux ou hérétiques : ce sont des expressions de Basile, de Jean Chrysostome, d'Ambroise, c'est-à-dire d'évêques et de Pères de l'Église, car telle était la foi pratique de l'Église.

Aujourd'hui, lorsqu'on cite ces expressions, elles apparaissent presque comme le témoignage archéologique d'un âge d'or, mais elles n'interrogent plus les croyants, elles ne suscitent plus d'inquiétude. Même ceux qui, à l'intérieur de l'Église, mènent une vie religieuse et cherchent à vivre cette réelle communion des biens dans leurs communautés semblent être muets sur cette attitude qui, en revanche, devrait constituer un message performatif. Les temps sont aujourd'hui défavorables aux pauvres et à leur participation à la société du bien-être et de l'opulence qui règne dans l'hémisphère septentrional de la planète. Parmi les chrétiens, ces thématiques ne sont plus non plus l'objet de débats ; çà et là, certaines voix cherchent même à tranquilliser les consciences, en allant jusqu'à nier quelque rapport que ce soit entre notre opulence et les pauvretés du monde, ne faisant ainsi que fournir aux sociétés riches des raisons pour continuer à prospérer sans honte !

Pourtant, le soir du Jeudi saint, durant le repas du Seigneur, l'Église fait deux anamnèses, deux actions accomplies en mémoire de Jésus qui donne sa vie pour les autres : l'action sur le pain et sur le vin, sacrement de l'autel, et le lavement des pieds, le geste du serviteur, sacrement du frère. Deux faces du mystère pascal qui doit être vécu dans sa plénitude, parce que le commandement de Jésus – « Faites cela en mémoire de moi » ; « comme j'ai fait, faites-le vous aussi » (Lc 22,19 ; Jn 13,15) – concerne la mémoire de son amour jusqu'à la fin imprimé dans ces deux signes. Ce n'est pas une opération facile d'aimer le frère de manière authentique ; ce n'est pas une action spontanée d'être habité par des sentiments de compassion pour les pauvres, les derniers ; et pourtant, comme Jésus l'a assuré, c'est sur cette pratique quotidienne que nous serons jugés. Les recettes univoques n'existent pas et le chrétien ne doit se laisser emprisonner dans aucun légalisme, mais le carême est l'occasion de réfléchir à ce que l'on possède, à ce qui est vraiment nécessaire, aux biens qui peuvent être partagés avec ceux qui en ont besoin. Il ne s'agit pas tant d'accomplir quelques gestes de « charité », qui se font presque naturels tant le climat dans lequel nous vivons est à l'abondance, mais plutôt de nous placer en vérité face à Dieu le Père et aux côtés de ceux qui, comme nous, sont ses enfants et donc nos frères. Oui, le christianisme est exigeant et il a toujours mis en évidence la connexion entre le cheminement dans la foi à la suite du Seigneur et la manière de se comporter avec les biens de ce monde. Basile rappelait que « le manteau en proie aux mites dans ton armoire n'appartient pas à toi mais au pauvre » ; et Grégoire de Nysse mettait en garde : « celui qui possède trop n'est pas un frère mais un voleur » !

Du reste, la *philautía*, l'amour de soi, le triomphe du moi conduisent de fait à ne connaître ni l'amour qui naît du partage et de l'échange, ni la joie qui est plus grande lorsqu'on donne que lorsqu'on reçoit, ni encore la liberté par rapport aux choses, qui est indispensable pour aimer Dieu par-dessus tout. Et n'oublions pas enfin que si nous n'exerçons pas le partage de ce que nous possédons – comme les « biens » intellectuels, spirituels, matériels –, nous finirons par considérer l'autre comme un antagoniste qui nous prive d'une partie de la vie, comme une menace pour notre liberté et notre bien-être.

dimensionnel dans la foi à la suite du Seigneur et la manière de se comporter avec les biens de ce monde. Basile rappelait que « le manteau en garde aux [illegible] ton armoire n'appartient pas à toi mais au pauvre ; et la chaussure de [illegible] qui [illegible] trop [illegible] pas au [illegible] mais au [illegible] ».

Du reste, la pauvreté, l'amour de [illegible] les exemples de nos [illegible] de [illegible] à ne connaître [illegible] que [illegible] la [illegible] de communion [illegible] est plus grande lorsqu'on donne que lorsqu'on reçoit, et assure la liberté par rapport aux choses, qui est indispensable pour mettre Dieu par-dessus tout. Et [illegible] pas enfin que [illegible] nous n'exerçons pas le [illegible] de [illegible] comme les [illegible] intellectuels, spirituels, matériels — nous [illegible] considérer l'autre comme un antagoniste qui nous prive d'une partie de la vie, comme une menace pour notre liberté et notre bien-être.

Jeudi saint

Une vie donnée librement et par amour

Au soir du Jeudi saint commence le *triduum* pascal, cette suite de jours « saints », distincts des autres, durant lesquels nous méditons, nous célébrons, nous revivons le mystère central de notre foi : Jésus entre dans sa passion, il connaît la mort et la sépulture et, le troisième jour, il est ressuscité par le Père dans la force de vie qu'est le Saint-Esprit. Mais cet événement de la passion de Jésus était-il dû au hasard, ou à un destin qui incombait à Jésus ? Pourquoi Jésus a-t-il connu la condamnation, la torture et la mort violente ? Voilà des questions auxquelles il faut donner une réponse, si l'on veut saisir et connaître en profondeur le sens de la Passion. Mais cette réponse, ce sont les évangiles eux-mêmes qui veulent nous la fournir, par leur témoignage sur les événements de ces jours pascals de l'an 30 de notre ère. Jésus, pour manifester à ses disciples qu'il entrait dans la passion en l'assumant comme un acte, et non pas contraint par le destin ou par le hasard des événements défavorables à son encontre, anticipe à travers un mime, à travers un geste symbolique ce qui est sur le point de lui arriver et en révèle ainsi le sens. Dans la liberté, donc, Jésus accepte cette fin qui se profile : il aurait pu fuir, il aurait pu éviter d'affronter cette épreuve et, certes, il a demandé au Père que cela soit rendu possible ; mais si Jésus voulait demeurer dans la justice, s'il voulait se situer du côté des justes qui, dans un monde injuste, sont toujours soumis aux oppositions et aux persécutions, s'il voulait persister dans la solidarité avec les victimes, les agneaux de l'histoire, alors il devait accepter cette condamnation et cette mort. Oui, librement il l'a acceptée pour que soit faite la volonté du Père : non que le Père voulait sa mort, mais parce que la volonté du Père était que Jésus reste dans la justice, dans la charité, dans la solidarité avec les victimes.

Cette liberté de Jésus était aussi nourrie et accompagnée par l'amour : amour pour le Père, assurément, mais encore pour la vérité et la justice, et amour pour nous, les hommes. Oui, pour que soit manifesté le fait que Jésus dépose sa vie librement et par amour – et non pas contraint par le destin ou par des circonstances fortuites –, Jésus anticipe par un signe ce qui va lui arriver. À table, avec ses disciples, Jésus accomplit sur le pain et sur le vin des actions qu'il accompagne de ses paroles : son corps est rompu et donné aux hommes, son sang est versé et donné pour tous. Et le signe de sa mort imminente devient sacrement d'action de grâces ; c'est l'eucharistie que les chrétiens devront célébrer en mémoire de Jésus, pour être eux aussi impliqués dans ce geste du don de sa vie pour les frères, pour les autres. À la fin de cette action, Jésus s'écrie en effet : « Faites ceci en mémoire de moi ! » Jusqu'à son retour, pour toute la durée du temps où les chrétiens vivent dans le monde, entre la mort-résurrection de Jésus et sa venue dans la gloire, c'est dans la célébration de ce geste de leur Maître et Seigneur que les chrétiens seront façonnés comme disciples, qu'ils participeront à la vie même du Christ, qu'ils sauront que lui, le Seigneur, est avec eux jusqu'à la fin de l'histoire.

Le Jeudi saint célèbre donc cet événement qui anticipe la passion de Jésus, ce récit de son exode de ce monde au Père. Mais dans la liturgie du Jeudi saint, de manière significative, l'Église ne rappelle et ne vit pas uniquement ce geste de son Seigneur, comme dans chaque célébration eucharistique. Elle vit et elle répète encore un autre geste de Jésus : celui du lavement des pieds. Le quatrième évangile en effet rappelle lui aussi « le dernier repas de Jésus avec les siens » (Jn 13,1-2), ce repas où fut dévoilé le traître et furent annoncés le reniement de Pierre et la fuite des autres disciples, ce repas partagé à l'occasion de la dernière Pâque de Jésus à Jérusalem, avant sa mort. Toutefois, plutôt que de décrire le signe du pain et du vin, Jean raconte le signe du lavement des pieds ! Pourquoi une action « autre », un signe « autre » ? Pourtant, même le quatrième évangéliste connaît le récit de l'eucharistie : depuis plusieurs décennies déjà, l'Église célèbre ce sacrement. Pourquoi alors le souvenir d'un autre signe ? On peut considérer fort probable que ce choix du quatrième évangile soit motivé par une urgence ressentie dans l'Église à la fin du Ier siècle : la célébration eucharistique ne peut pas être un rite détaché d'une pratique cohérente d'*agapê*, d'amour et de service pour les frères, car c'est là précisément sa signification – donner sa vie pour les frères ! L'évangéliste veut ainsi réactualiser le message de l'eucharistie, en rappelant cette alternative : soit l'eucharistie est service réciproque, don de la vie pour l'autre, amour jusqu'à la fin, soit elle n'est qu'un rite qui appartient à la « scène » de ce monde. On pourrait dire que l'intention de Jean est que le sacrement de l'autel soit toujours interprété et vécu comme le sacrement du frère : la célébration eucharistique, avec le pain rompu et le vin offert, et le service concret, quotidien envers le frère, se rapportent l'un à l'autre comme deux faces de la participation au mystère pascal du Christ. Voilà alors que le geste de Jésus est raconté lentement, presque au ralenti, afin qu'il reste bien imprimé dans l'esprit du disciple de tous les temps : Jésus se lève de table, il dépose son vêtement, il prend un linge, il s'en ceint, il verse de l'eau dans un bassin, il lave les pieds des disciples, il les essuie, il reprend son vêtement... Ce sont des verbes d'action qui expriment de manière plastique l'événement du lavement. Ce geste, Jésus l'accomplit en étant pleinement conscient de ce qu'il fait : Jésus, le *Kyrios*, le Seigneur, lave les pieds à ses disciples. Un geste anormal, un geste paradoxal, qui renverse les rôles ; un geste scandaleux, comme en témoigne la réaction de Pierre ! Pourtant c'est précisément de cette manière que Jésus raconte, « évangélise » Dieu, au sens où il rend Dieu « bonne nouvelle » pour nous.

L'eucharistie et le lavement des pieds sont donc deux actions différentes, deux mimes sacramentels, deux scènes qui disent la même réalité : Jésus offre sa vie et, librement et par amour, il va vers sa mort en se faisant esclave. Pour cela, tout comme au geste eucharistique, un commandement fait suite au geste du lavement des pieds : « Comme je vous ai lavé les pieds, faites-le vous aussi » (Jn 13,15). Si l'Église veut être l'Église du Seigneur, c'est ainsi qu'elle doit faire, par obéissance à son mandat : rompre le pain, offrir le vin, laver les pieds dans l'assemblée des croyants et dans l'histoire des hommes.

Vendredi saint

Bonne nouvelle pour les pécheurs

C'est un jour sévère que le Vendredi saint, pour les chrétiens, une commémoration perçue comme l'« anti-fête », un jour capable encore d'isoler de façon tragique la passion et la mort de Jésus d'avec sa résurrection. Car lorsque les chrétiens vont à leur Seigneur, ils sont toujours reconduits à l'unique événement de la passion-mort-résurrection ; mais en ce jour c'est la passion qui culmine dans la mort, que l'on médite, que l'on pense, que l'on célèbre : c'est la croix qui domine la liturgie de son ombre et qui, en s'imposant, ne renvoie à la résurrection que comme espérance, comme attente. Voilà bien la singularité, la spécificité de la foi chrétienne : avoir au centre de son message le Seigneur crucifié, et reconnaître dans la crucifixion de Jésus de Nazareth le récit qui manifeste avec le plus d'éloquence qui est Dieu. Mais que rappellent les chrétiens le Vendredi saint ?

Ils rappellent que le vendredi 7 avril de l'an 30 de notre ère, à Jérusalem, la cité sainte et le cœur de la foi hébraïque, Jésus de Nazareth – un rabbi et un prophète de la Galilée qui avait suscité un mouvement autour de lui et entraînait dans son sillage une petite communauté itinérante composée d'une douzaine d'hommes et de quelques femmes – est arrêté, condamné et mis à mort par le supplice de la crucifixion.

Historiquement, on peut dire que Jésus a été arrêté à l'initiative de certains chefs des prêtres, la hiérocratie de Jérusalem, en raison de gestes qu'il avait accomplis et de paroles qu'il avait prononcées : certains traits messianiques de sa manière d'agir, le fait d'avoir chassé les vendeurs du Temple, la polémique prophétique contre les hommes religieux, en particulier les sadducéens. Capturé de nuit dans la vallée du Cédron par une poignée de gardes du Temple, il fut emmené auprès du grand prêtre, en présence duquel se tint une confrontation qui permit de formuler les accusations précises à présenter au gouverneur romain, le seul à détenir le pouvoir d'émettre une condamnation capitale et de disposer de son exécution. Il faut dire clairement qu'un authentique procès n'eut formellement pas lieu et que la partie du sanhédrin qui s'est réunie de nuit n'était très certainement pas en mesure de délibérer en situation légale. Jésus, quoi qu'il en soit, est livré à Pilate, qui décide, en quelques séances et suivant des procédures qui apparaissent comme celles d'un véritable procès, de le condamner avec d'autres malfaiteurs, après l'avoir fait flageller. S'agissait-il d'une mesure de sécurité, d'une tentative de satisfaire le groupe sacerdotal qui le lui avait livré, d'une attitude de haine envers quiconque, parmi les Juifs, semblait porteur d'un message non concordant avec l'idéologie impériale ? Toutes ces raisons à la fois ont probablement conduit Pilate à décider la condamnation de ce Galiléen.

Ainsi Jésus meurt en croix, subissant ce qui était pour les Romains « un supplice très cruel et horrible » (Cicéron) et qui était pour les Juifs, tout comme la pendaison, le signe de l'excommunication de l'impie, de la malédiction du blasphémateur, comme en témoigne la Torah : « Maudit celui qui est pendu au bois » (Dt 21,23 ; voir Ga 3,13). Jésus meurt dans l'infamie de sa nudité, pendu en l'air, parce que ni le ciel ni la terre ne le veulent ; il meurt dans la honte de qui est condamné à la fois par le magistère officiel de sa religion et par l'autorité civile, parce que nocif au bien commun de la cité ! Jésus, à la différence du Baptiste, ne meurt pas comme un martyr, mais bien comme un excommunié et un maudit, comme aime à le dire Paul, qui se vante de prêcher Jésus Christ crucifié, scandale pour les hommes religieux et folie pour les sages du monde grec (voir 1 Co 1,23).

La croix, oui, la croix est le signe de cette mort infamante de Jésus – qui est « compté parmi les malfaiteurs » (Lc 22,37), les évangélistes se complaisent à le souligner – ; c'est le récit de sa solidarité avec les pécheurs, de son abaissement jusqu'à la condition de l'esclave humilié, « jusqu'à la mort, à la mort sur une croix » (Ph 2,8), comme l'apôtre Paul l'atteste. Mais la croix ne doit toutefois pas prévaloir sur le Crucifié ! Ce n'est pas la croix, en effet, qui rend grand celui qui y est pendu, mais c'est précisément Jésus qui rachète et donne sens à la croix, de sorte que tous les hommes qui connaissent cette situation de souffrance et de honte, de malédiction et d'anéantissement puissent trouver Jésus à leur côté. Oui, la réalité de toute croix est une énigme, que Jésus fait devenir mystère : dans un monde injuste, le juste ne peut qu'être rejeté, persécuté, condamné. C'est une *necessitas humana*, et Jésus – précisément parce qu'il a voulu « rester juste », solidaire avec les victimes, les agneaux – a dû connaître ce choc de l'injustice du monde contre lui. Mais lorsqu'on sait lire la passion-mort de Jésus de cette manière, on est obligé de la comprendre comme un événement de gloire pour Jésus : la gloire de celui qui a donné sa vie pour les hommes, la gloire de celui qui a aimé jusqu'à la fin, la gloire de celui qui meurt condamné pour avoir cherché à raconter, à travers son existence, que Dieu est miséricorde, qu'il est amour. S'il est un lieu où Jésus a rendu Dieu « bonne nouvelle », s'il est vrai qu'il l'a « évangélisé », c'est bien sur la croix : bonne nouvelle pour tous les pécheurs !

Le Vendredi saint, les chrétiens réunissent dans l'image du crucifié, agneau innocent, toutes les victimes de l'histoire, les agneaux tués par les loups : les chrétiens sont appelés en ce jour à apprendre à soutenir le scandale de la croix, sans rejeter les fautes sur l'autre, certains que la croix de chaque juste met en évidence une raison pour laquelle il vaut la peine de donner sa vie. Car ce n'est que si l'on a une raison pour laquelle il vaut la peine de donner sa vie que l'on a aussi une raison pour laquelle il vaut la peine de vivre.

Samedi saint

Silence de Dieu, silence de l'homme

Il peut sembler paradoxal de parler du Samedi saint : pour les chrétiens, c'est un jour marqué par le silence, un jour à l'apparence d'un « temps mort », vide de sens. Même les évangiles taisent ce « grand samedi » : le récit de la passion de Jésus s'arrête au soir du vendredi et ne reprend qu'à l'aube du premier jour de la semaine, le troisième jour, justement. Un jour vide, donc ? Dans la tradition chrétienne occidentale, le Samedi saint est le seul jour sans célébration eucharistique, jour « a-liturgique », sans célébration particulière : les cloches gardent le silence, dans les églises dépouillées il n'y a ni flamme allumée ni chant... Même la prière des chrétiens se fait silencieuse et chargée avant tout d'attente : attente de ce qui transformera profondément toute chose, toute histoire. Certes, la Pâque du Christ est un événement survenu *eph'hapax*, « une fois pour toutes », le 9 avril de l'an 30 :

le Christ ressuscité ne meurt plus ; nous ne célébrons pas un mystère cyclique comme le faisaient les païens... Et pourtant, nous sommes appelés à vivre ce jour en en saisissant le message propre : nous le vivons dans la foi que le Seigneur crucifié est vivant parmi nous mais, discernant le deuxième jour du *triduum* pascal comme un jour de silence, d'attente, de non-dit, nous assumons une dimension qui nous habite toujours et qui parfois – dans notre vie, dans celle des autres ou de peuples entiers – prend une envergure durable, non momentanée, ni passagère.

Samedi saint, lendemain de la mort, temps rempli pour les disciples par la fin de l'espérance, par une aporie, un vide sur lequel pèse le non-sens, l'insupportable douleur, la lacération d'une séparation définitive, d'une blessure mortelle : où est Dieu ? Voilà la sourde question du Samedi saint. Où est ce Dieu qui était intervenu au baptême de Jésus, ouvrant les cieux pour dire : « Tu es mon Fils, en toi j'ai mis ma joie » (Mc 1,11) ? Où est ce Dieu qui était intervenu sur la montagne, à l'heure de la Transfiguration, et s'était exclamé : « Celui-ci est mon Fils bien-aimé » (Mc 9,7) ? Au moment de la croix, Dieu n'est pas intervenu, Jésus s'est senti abandonné et le lui a crié : « Mon Dieu, mon Dieu, pourquoi m'astu abandonné ? » (Mc 15,34.) Tout un jour s'écoule, et Dieu n'intervient pas... Pourtant Dieu n'a pas abandonné Jésus : si l'abandon semble l'amère vérité pour les disciples, en réalité, Dieu a déjà appelé Jésus à soi ; ou mieux : il l'a déjà ressuscité dans son Saint-Esprit, et Jésus vivant est aux enfers pour annoncer là aussi la libération. « Il est descendu aux enfers », confessons-nous dans le *Credo*. Voilà ce qui se produit, de façon cachée, le Samedi saint : ce jour vide, silencieux pour les disciples et pour les hommes, est le jour où le Père – qui « est toujours à l'œuvre » (Jn 5,17), comme l'a dit Jésus –, à travers lui, porte le salut aux enfers. Comme Jonas est resté dans le ventre du poisson trois jours et trois nuits (voir Mt 12,40), ainsi Jésus a été déposé de la croix dans la tombe et, de là, est descendu encore, aux enfers, au séjour des morts.

Sur ce grand mystère, l'Église, comme aphone, semble aujourd'hui préférer se taire. Pourtant les Pères de l'Église et la liturgie ancienne ont voulu chanter cette « action » de Jésus après sa mort. Dans une homélie attribuée à Épiphane, on lit : « Aujourd'hui, sur la terre, règne un grand silence. Le Seigneur est mort dans la chair et il est descendu secouer le règne des enfers. Il va chercher Adam, le premier père, comme une brebis perdue. Le Seigneur descend et visite ceux qui gisent dans les ténèbres et l'ombre de la mort. » Et dans une hymne, Éphrem le Syrien chante : « Celui qui dit à Adam : "où es-tu ?" est descendu aux enfers derrière lui, il l'a trouvé, l'a appelé et lui a dit : "Viens, toi qui es à mon image et ressemblance ; je suis descendu où tu es pour te ramener dans ta terre promise !" » Jésus, descendu aux enfers par sa mort – une mort devenue « acte », une mort assumée et vécue –, a détruit la mort même dans un admirable combat, comme le rappelle la liturgie syriaque : « Seigneur Jésus, tu as combattu avec la mort durant les trois jours où tu es resté dans la tombe, tu as semé la joie et l'espérance parmi ceux qui habitaient les enfers. »

Ainsi, la descente aux enfers devient l'extension du salut au cosmos entier, le salut de tout l'être humain : Christ descend au cœur de la terre, au cœur de la création, dans les zones infernales qui habitent chaque homme. Qu'en est-il alors des enfers, après la « visite » du Christ glorieux ? Pour Cyrille d'Alexandrie, cette prédication du Christ aux enfers (dont parle l'apôtre Pierre : « mis à mort dans la chair, il a été rendu à la vie par l'Esprit, il alla même prêcher le salut aux esprits en prison », 1 P 3,18-19) a signifié la spoliation de l'enfer :

« Le Christ, dépouillant l'enfer tout entier et ouvrant grand les portes impénétrables aux esprits des morts, y laissa le diable seul ! » Enfer, où est ta victoire ?

Le chrétien, aujourd'hui, ne devrait pas oublier ce mystère du grand et saint Samedi, vrai prélude à la Pâque, mais rappel aussi de la descente du Christ dans les régions infernales qui habitent tout chrétien, malgré son désir de suivre Jésus. Qui ne reconnaît pas en soi la présence de ces enfers ? Ces régions non évangélisées, ces territoires d'incrédulité, ces lieux où Dieu n'est pas et où chacun ne peut qu'invoquer la descente du Christ pour qu'il les illumine, qu'il transforme ces régions de mort, assujetties à la puissance du démon, en humus capable de faire germer la vie par la force de la grâce... Le Samedi saint est ainsi comme le temps de la grossesse, le temps qui croît vers l'accouchement, vers la vie nouvelle : son silence n'est pas mutisme, mais temps chargé d'énergies et de vie.

Par ailleurs, le siècle qui vient de s'achever n'a-t-il pas été comme le siècle où le Samedi saint représentait l'expérience de nombreux croyants en Jésus et celle d'autres hommes dont Dieu seul connaît et juge la foi ? Dans les camps d'extermination du nazisme, dans les goulags et dans les prisons soviétiques, dans tant de pays où l'idéologie athée a redonné des martyrs à l'Église, quel profond Samedi saint... Voici plusieurs années, j'ai rencontré en Chine un évêque de l'Église officiellement non en communion avec Rome ; en latin, il m'a dit : « Nous vivons le Samedi saint, mais nous attendons la Pâque : elle viendra ! Dites au Saint-Père que nous l'aimons ! » Samedi saint, Dieu paraît absent, le mal semble prévaloir, la douleur se présente dépourvue de sens : où est Dieu ? Samedi saint, parfois aussi pour qui trouve la ténèbre dans son chemin de foi, qui voit vaciller sa foi, qui ne parvient pas à nourrir l'espérance : jour d'insensibilité, où toute confiance semble inaccessible, trop grande pour qu'on puisse la concevoir. Samedi saint de nombreux malades, surtout ceux atteints du sida, liés à Christ dans sa honte... Mais Samedi saint aussi comme temps où le sang des martyrs et des victimes tombe en terre pour la féconder en vue d'un fruit abondant, temps où la désagrégation de notre être extérieur fait place à la croissance de notre homme intérieur... Chacun alors pourra dire de son Samedi saint : « Vraiment, le Seigneur est ici à côté de moi et je ne le savais pas ! » (Gn 28,16.) Il n'y a pas d'aurore de Pâques sans Samedi saint.

Pâques

« Ô mort, où est ta victoire ? »

« Le seul vrai péché, c'est de rester insensible à la résurrection », disait Isaac de Ninive, un Père de l'Église ancienne. Pour cette raison précise, il est possible, le jour de Pâques, de mesurer la foi du chrétien et de discerner sa capacité d'espérer pour tous et de communiquer à tous les hommes cette espérance. Le jour de Pâques, tout chrétien proclame la victoire de la vie sur la mort, parce que Jésus le Messie est ressuscité de la mort afin d'être le Vivant pour toujours : celui qui, étant homme comme nous, chair comme nous sommes chair, qui est né et a vécu parmi nous, celui qui est mort de mort violente, qui a été crucifié et a été enseveli, celui-là même est ressuscité !

Ô mort, où est ta victoire ? Ô mort, tu n'es plus le dernier mot pour les hommes, mais tu es devenue un passage, l'heure de l'exode de la vie terrestre à la vie éternelle, de ce monde au royaume de Dieu…

En ce jour de Pâques, la fête des fêtes, cela devrait être le chant du chrétien, parce que le Christ est ressuscité, prémices de nous tous, parce que la vie règne définitivement et qu'en toute créature a commencé un processus secret mais réel de rédemption, de transfiguration.

La mort est une dominante qui pèse sur tous les hommes, une véritable puissance efficace : non seulement parce qu'elle inspire la peur et l'angoisse, contredisant la vie des hommes, mais aussi parce que, à cause d'elle, les hommes deviennent mauvais, et pèchent. Le péché est toujours égoïsme, qui contredit la communion avec les hommes et avec Dieu, et c'est précisément la présence de la mort qui déchaîne ce besoin de se sauver, voire de vivre sans les autres ou contre les autres. La mort n'est pas seulement « le salaire du péché » (Rm 6,23), elle est aussi instigation au péché... Car si les hommes sont poussés à pécher, c'est à cause de l'angoisse de la mort, de cette peur qui rend les hommes esclaves pour leur vie tout entière (voir He 2,14-15). En raison de l'angoisse et de la peur, le désir de vie des hommes se fait haine, méconnaissance de l'autre, concurrence, rivalité, violence. L'angoisse peut tout défigurer, même l'amour. La mort apparaît ainsi active et présente non seulement au moment où la vie physique du corps humain s'éteint, mais aussi auparavant : elle est puissance qui réalise ses incursions dans la sphère de l'existence et porte atteinte à la plénitude des relations et de la vie.

Voilà la mort contre laquelle Jésus a lutté jusqu'à remporter la victoire. L'*agonía* qui a commencé pour Jésus au jardin des Oliviers (voir Lc 22,44) est une lutte (*agón*) qui s'est conclue par la descente aux enfers, lorsqu'il a défait de manière définitive le diable – et donc la mort et le péché. Et Jésus n'a pas vaincu seulement sa mort, mais la Mort : « Par la mort, il a vaincu la mort », chante la liturgie pascale ! Or cette dimension de lutte est essentielle pour le chrétien : toute la vie est une lutte, une guerre contre la mort qui nous habite et contre les pulsions de mort qui nous attirent.

La résurrection de Jésus est donc le sceau apposé par le Père sur la lutte du Fils, sur son *agón* : celui-ci, montrant qu'il avait une raison pour mourir (donner sa vie pour les autres), a montré tout à la fois qu'il existe une raison pour vivre (aimer, demeurer dans la communion). Alors le Père l'a rappelé des morts, faisant de lui le Seigneur pour toujours.

Tous les hommes, même s'ils ne connaissent pas Dieu ni son dessein, portent dans leur cœur le sens de l'éternité, et tous se demandent : « Que pouvons-nous espérer ? » Ils savent que, s'ils restent insensibles à la résurrection, ils s'interdisent de connaître « le sens du sens » de leur vie. Les hommes attendent, ils cherchent avec fatigue, et parfois par des chemins égarés, la bonne nouvelle de la vie plus forte que la mort, de l'amour plus fort que la haine et la violence. Le Christ, ressuscité et vivant pour toujours, est la vraie réponse ; elle exige des chrétiens ce récit authentique que ne peut donner que celui qui a fait l'expérience du Vivant. Où sont ces chrétiens ? Car oui, il y a aujourd'hui encore des chrétiens capables d'exprimer cela : il y a à nouveau des martyrs chrétiens, il y a à nouveau des prophètes chrétiens, il y a des témoins qui ne rougissent pas de l'Évangile. Une fois encore, aujourd'hui comme en ce matin de la résurrection, ce message nous parvient du tombeau vide : « Ne craignez pas, n'ayez pas peur, ne soyez pas dans l'angoisse ! Le Crucifié est ressuscité et il vous précède ! » Oui, pour l'Église, désormais, un printemps est proche, une saison où l'Esprit du Ressuscité se rendra plus présent que jamais, une saison où la Parole de Dieu sera moins rare.

Et cette saison n'autorisera pas de fugues, ni d'évasions, ni de spiritualismes, mais elle permettra de vivre la résurrection dans l'existence, dans l'histoire, dans l'aujourd'hui, de telle sorte que la foi pascale devienne efficace ici et maintenant déjà. Que signifie cela, selon les évangiles ? Que les chrétiens doivent manifester la résurrection dans le compagnonnage avec les hommes, qu'ils doivent attester devant les hommes que la vie est plus forte que la mort, et qu'ils le feront lorsqu'ils bâtiront des communautés où l'on passe du « je » au « nous », lorsqu'ils pardonneront sans demander la réciproque, lorsqu'ils vivront la joie profonde qui demeure même dans les situations d'opposition, lorsqu'ils auront de la compassion pour toute créature, en particulier les derniers, ceux qui souffrent, lorsqu'ils réaliseront la justice qui libère des situations de mort où gisent tant d'hommes, lorsqu'ils accepteront de dépenser leur vie pour les autres, lorsqu'ils renonceront à s'affirmer eux-mêmes sans les autres ou contre eux, lorsqu'ils donneront leur vie librement et par amour, jusqu'à prier pour leurs assassins mêmes.

Parce que le cœur de la foi chrétienne se situe là précisément : croire l'incroyable, aimer le non-aimable, espérer contre toute espérance. Oui, la foi, l'espérance et l'amour ne sont possibles que si l'on croit à la résurrection. Alors, vraiment, notre dernier mot ne sera pas la mort ni l'enfer, mais la victoire sur la mort et sur l'enfer. Pâques ouvre pour tous l'horizon de la vie éternelle : que ce jour de Pâques soit Pâques d'espérance pour tous. Vraiment pour tous !

L'Ascension

La transcendance de l'altérité

La résurrection de Jésus d'entre les morts, c'est sa glorification, son exode dans la gloire de Dieu, son retour au Père qui l'a rappelé des morts dans la puissance du Saint-Esprit. C'est auprès du Père qu'il faut chercher Jésus ressuscité, car à travers la résurrection s'est produite la pleine divinisation de sa chair et de sa mission.

Voilà la raison pour laquelle ni l'évangile de Matthieu ni celui de Jean ne racontent l'ascension de Jésus au ciel comme un événement particulier ; Luc, en revanche, présente l'Ascension comme le sceau qui met fin aux épiphanies pascales de Jésus. Après quarante jours – chiffre symbolique indiquant un temps qui s'est achevé, un temps d'attente et de transition –, Jésus se manifeste, révélant sa montée au ciel, sa nouvelle demeure, sa présence invisible en Dieu. L'Ascension est-elle alors la séparation de Jésus de ses disciples, de sa communauté, est-ce une prise de distance, ou est-ce au contraire la manifestation d'un nouveau rapport qui lie Jésus ressuscité à ceux qui l'ont vu, entendu, touché (voir 1 Jn 1,1), jusqu'à croire qu'il est le Messie, l'envoyé de Dieu, le fils de Dieu ?

En vérité, l'ascension de Jésus au ciel, cet événement inénarrable avec nos mots capables seulement de raconter des faits humains, n'a pas été un arrachement ni la conclusion d'une aventure, celle de la vie de Jésus. En effet, lorsqu'on lit avec intelligence les récits de l'Ascension, on n'y trouve pas le récit d'un « adieu », mais bien plutôt un envoi des disciples, une mission depuis Jérusalem jusqu'aux extrémités du monde. Les disciples, allant dans le monde, proclameront l'Évangile à toute créature (voir Mc 16,15) et feront avant tout l'expérience de la proximité, de la présence de Jésus ; ils seront même conscients de n'être que des hommes et des femmes au service de la mission de Jésus, l'envoyé du Père. Le Christ est élevé auprès de Dieu pour mener son œuvre à son terme, pour pouvoir intercéder en faveur des hommes, parmi lesquels et avec lesquels il a habité sur la terre, en tant que vrai homme, durant près de trente-sept ans.

Ainsi, désormais, un rapport nouveau lie Dieu et l'humanité : cette séparation entre le ciel et la terre, entre le Créateur et la créature est devenue communion grâce à Jésus de Nazareth, le Fils de Dieu. « Les cieux sont les cieux du Seigneur, la terre, il l'a donnée aux hommes », chantait le psalmiste (Ps 115,16) ; mais ces deux réalités sont maintenant conjointes en Jésus Christ : lui, en effet, est descendu du ciel sur la terre ; il était « de la condition de Dieu » (Ph 2,6) et s'est revêtu de chair humaine et mortelle (voir Jn 1,14) ; dans cette réalité humaine, comprenant le corps, l'âme et l'esprit, il a souffert jusqu'à la mort ; il est ressuscité et, dans la chair, il est monté au ciel. Désormais, « à la droite du Père », c'est-à-dire dans l'intimité de la vie de Dieu, il y a un corps d'homme, parce qu'en Christ les cieux sont descendus sur la terre et la terre est montée au ciel. Vraiment, Jésus a été tout à la fois Fils de Dieu et Fils de l'homme, capable d'être pour nous, les hommes, l'Emmanuel, le Dieu-avec-nous.

Oui, l'évangile de Matthieu, qui s'était précisément ouvert sur l'annonce de la venue de l'Emmanuel, du Dieu-avec-nous (voir Mt 1,22-23), du Dieu qui vient à travers Jésus, se referme maintenant sur les paroles qui assurent que cette présence de Dieu parmi les hommes continue : « Je suis avec vous jusqu'à la fin du monde » (Mt 28,20). L'Ascension est donc une autre manière de saisir la victoire de

Jésus sur la mort, qui nous permet de discerner Jésus auprès du Père et pourtant toujours parmi nous. Et pour nous, les hommes, il y a désormais en Dieu un corps d'homme transfiguré et glorifié, un corps d'homme divinisé, dans lequel la mort a été vaincue et, avec elle, tout pouvoir du mal : désormais – s'exclame l'apôtre Paul – « qui accusera les élus de Dieu ? Qui condamnera ? Le Christ Jésus, celui qui est mort, bien plus, qui est ressuscité, lui qui est à la droite de Dieu et qui intercède pour nous ? » (Rm 8,33-34.)

Présence réelle dans l'absence physique, relation dans la distance : voilà le sens de l'Ascension, qui appelle les chrétiens à cheminer « à la lumière de la foi et non de la vision » (2 Co 5,7), en développant la sensibilité de la foi, les « sens spirituels », à savoir la capacité du cœur humain à voir, à écouter, à toucher, à goûter, à sentir. Le Christ est auprès de Dieu et à la fois présent parmi les hommes et dans l'histoire ; confesser ce mystère nous enseigne l'« au-delà » de l'autre : le visage de l'autre, irréductiblement sien, évoque un mystère de transcendance ; il invite au respect ainsi qu'à la communion. L'Ascension conteste toute voracité et tout désir de possession, tant dans la relation avec Dieu que dans les relations humaines : vraiment, c'est un grand magistère de liberté !

La Pentecôte

L'unité dans la diversité

Selon le quatrième évangile, Jésus ressuscité, le jour même de sa résurrection, vint au milieu de ses disciples, les salua en leur transmettant sa paix, se fit reconnaître à travers les signes de la passion et de la mort imprimés dans son corps, « souffla sur eux et leur dit : "Recevez l'Esprit saint" » (Jn 20,22). Dans les Actes des apôtres, après que Jésus est monté au Père, tandis que les disciples sont réunis, l'Esprit saint descend, comme un vent violent et bruyant, comme des langues de feu flamboyantes (voir Ac 2,1-4).

Les récits de Jean et de Luc nous disent avant tout que l'Esprit qui, envoyé par le Père, a ressuscité Jésus et lui a donné une vie nouvelle, a aussi été transmis par Jésus à ses disciples, de telle sorte que le Seigneur et sa communauté vivent d'un même Esprit. Pentecôte signifie donc la plénitude de l'épiphanie pascale, car les énergies du Ressuscité se déversent sur l'ensemble des disciples. Ces derniers parviennent, grâce à l'Esprit saint, à la foi en Jésus Christ, Fils de Dieu ; ils sont conduits à en témoigner et à l'annoncer dans l'histoire et dans le compagnonnage avec les hommes.

Pentecôte, pour le peuple d'Israël, était la fête qui rappelait le don de la Loi au Sinaï, la fête de l'Alliance. Pour la communauté de Jésus, le don de l'Esprit en fait la célébration de l'Alliance nouvelle, définitive. Jésus n'a pas laissé son Église seule ; l'ascension au ciel ne s'était pas produite comme une séparation qui mettait fin à son action dans le monde : la communauté des croyants partage en effet avec son Seigneur la même vie, le même Esprit, et cela l'habilite à poursuivre l'action de Jésus, qui est d'annoncer la Bonne Nouvelle, de faire le bien, de guérir ceux que le diable tient asservis. Comme Jésus fut consacré dans l'Esprit et rendu ainsi apte à sa mission, de même en va-t-il pour l'Église à la Pentecôte (voir Ac 10,38).

C'est pour cette raison que le quatrième évangile tient à souligner le fait que l'Esprit est donné pour que les disciples annoncent la rémission des péchés et réunissent les fils de Dieu dispersés, tandis que les Actes attestent que l'annonce du Christ ressuscité est faite à l'Église en langues diverses, comme l'Esprit donnait aux apôtres de s'exprimer. Le Saint-Esprit étant descendu à travers le miracle des langues de feu, les paroles qui annoncent le Ressuscité, la Bonne Nouvelle, sont comprises par les différents habitants des nombreux pays de l'aire méditerranéenne. Bernard de Clairvaux a écrit : « L'Esprit descendit sur les disciples comme langues de feu afin qu'ils disent des paroles de feu dans toutes les langues de tous les peuples et qu'ils annoncent une loi enflammée avec des langues enflammées. »

Réunion des fils de Dieu dispersés, anti-Babel, la fête de Pentecôte est le début des temps derniers, le temps de l'Église. À Babel s'était produite la confusion des langues et la tentative de réunir de façon stable le ciel et la terre par la construction d'une tour qui montait au ciel ; à la Pentecôte se produit le miracle des langues entendues et comprises par tous, et c'est l'Esprit qui descend pour mettre en communication, en communion, Dieu et les hommes. C'est le miracle de la compréhension retrouvée dans une unique parole ! Oui, les langues des hommes restent différentes, et cette pluralité de langues, de cultures, d'histoires n'est pas gommée ; mais le Saint-Esprit crée une unité articulée, plurielle : l'unique corps du Seigneur qu'est l'Église est composé de nombreux dons et de nombreux membres. La diversité doit subsister sans annuler l'unité, l'unité doit s'affirmer sans supprimer la multiplicité.

Le miracle des langues suscité par l'Esprit indique à l'Église sa tâche de concilier l'unité de la Parole de Dieu avec la multiplicité des modes selon lesquels elle doit être vécue et annoncée dans l'unique communauté des croyants et parmi tous les peuples : ainsi l'Église ne cherchera pas à s'imposer par son langage propre, mais elle s'introduira dans les langages des autres hommes pour annoncer les merveilles de Dieu selon leurs formes et leurs modalités de compréhension.

L'Esprit répandu à la Pentecôte engage l'Église, aujourd'hui encore, à créer des voies et à inventer des façons d'être qui fassent de l'altérité non pas un motif de conflit et d'inimitié, mais de communion. Ainsi l'Église, et toute communauté chrétienne, pourra être signe du Royaume universel qui viendra et auquel est appelée l'humanité tout entière à travers, et non pas malgré, les différences qui la traversent. Tout cela affine la sensibilité et l'attention que les chrétiens doivent manifester pour l'œcuménisme et le dialogue avec les autres religions. La conscience des racines juives de la foi chrétienne, de l'hébraïcité pérenne de Jésus, d'Israël comme peuple de l'Alliance jamais révoquée, et la conscience, tout à la fois, de la destination universelle du salut chrétien, de la multiplicité des peuples et des cultures où l'Évangile est appelé à être ensemencé, devraient faire partie du bagage de tout chrétien majeur. De même, la certitude que l'œcuménisme est un élément constitutif de la foi du baptisé devrait aussi y appartenir : le chrétien est appelé, en tant que disciple du Christ Jésus, à prier et à agir pour supprimer le scandale de la division entre chrétiens.

Dimanche de la Trinité

La communion de l'amour

« L'Église est pleine de la Trinité », affirmait déjà Origène. Et c'est le dimanche après Pentecôte que les chrétiens, en Occident, fêtent ce mystère. Pourtant, dès les débuts de sa réflexion sur la foi, l'Église a mesuré la pauvreté du langage humain pour rendre compte de manière adéquate du mystère d'amour et de vie qui réside dans la Tri-unité de Dieu, dans la communion trinitaire qui modèle l'existence même de l'homme et fonde l'ecclésiologie de communion. Oui, car les chrétiens sont monothéistes et, depuis les premiers siècles, tous leurs efforts pour exprimer leur foi tendent à sauvegarder ce don précieux du monothéisme reçu d'Israël : ce don qui est lutte sans trêve ni demi-mesure contre l'idolâtrie, contre la manipulation du divin, contre la dénaturation de l'image de Dieu déposée en l'homme, alors que ce dernier serait toujours capable de la défigurer pour en faire la caricature d'un dieu à l'image de l'homme.

Pour les disciples de Jésus, Dieu – le Dieu des pères, le Dieu d'Abraham, d'Isaac et de Jacob, le Dieu des vivants et non des morts, le Dieu qui a fait sortir Israël de l'esclavage et lui a donné la Loi de vie au Sinaï – est *Un* et il s'est manifesté pleinement en Jésus, Seigneur et Sauveur. Cela signifie – selon l'adage forgé par les Pères de l'Église indivise – que Dieu s'est rendu présent en lui, sans se confondre totalement avec lui : en Jésus, vrai Dieu et vrai homme, l'humanité n'absorbe pas la divinité et la divinité n'annule pas l'humanité. Ce sont là les termes de base de l'énorme effort de réflexion théologique des premières communautés chrétiennes et c'est aussi le résultat de l'ineffable expérience spirituelle et ecclésiale qui conduira à la définition du mystère trinitaire.

Mais l'Évangile, la « bonne nouvelle » de Jésus de Nazareth transmise de génération en génération dans la communauté des croyants, ne nous dit pas seulement que Dieu existe et qu'il est un ; il nous dit aussi – et surtout – qui il est : dans l'Esprit, le Fils conduit les disciples à la connaissance amoureuse du Père et à la communion trinitaire. Dans le baptême, en effet, le chrétien se fait immerger dans la mort et la résurrection du Christ, il reçoit l'Esprit saint et il est proclamé « fils » par le Père, devenant ainsi un membre du corps du Christ qui est l'Église : l'ecclésiologie est intimement liée aux mystères qui sont au cœur de la révélation chrétienne. Ce n'est que dans l'unité plurielle de l'Église « catholique » – c'est-à-dire, littéralement, « assemblée selon le tout » – que l'on peut connaître la Tri-unité de Dieu ; et l'Église ne possède tout à la fois sa « catholicité » que parce que le Fils et l'Esprit, envoyés par le Père, lui ont dévoilé la Trinité, non comme une donnée intellectuelle et abstraite, mais bien comme la règle, la norme, le canon de sa vie même.

L'Église reçoit alors cette vie trinitaire non pour la réduire à une possession jalousement gardée, mais pour la dilater en la communiquant à l'humanité et à la terre entière. L'ecclésiologie de communion – dont on parle tant depuis Vatican II – n'est pas alors une nouvelle stratégie ou le consentement à la sensibilité démocratique plus diffuse, mais elle est bien un élément constitutif de la communauté eucharistique elle-même, modelée à l'image de la communion trinitaire. Cette compréhension nous permet de saisir l'intention théologique et révélative de Jean-Paul II lorsque – après avoir invité l'Église, dans les années précédant le Jubilé qui marquait l'entrée dans le troisième millénaire chrétien, à réfléchir amplement sur les trois personnes de la Trinité – il a demandé, dans la lettre *Novo millennio ineunte*, de « faire de l'Église la maison et l'école de la communion » : le lien intime et insécable entre la vie trinitaire et celle de disciple chrétien émerge ici avec concision et efficacité. Reprenant les paroles de cette lettre apostolique, on peut ainsi résumer le mystère trinitaire dans sa manifestation aux hommes à travers le « grand signe » de l'amour fraternel : « La communion [*koinonia*] incarne et manifeste l'essence même du mystère de l'Église. La communion est le fruit et la manifestation de l'amour qui, jaillissant du cœur du Père éternel, se déverse en nous par l'Esprit que Jésus nous donne, pour faire de nous tous "un seul cœur et une seule âme". C'est en réalisant cette communion d'amour que l'Église se manifeste comme "sacrement", c'est-à-dire comme "le signe et l'instrument de l'union intime avec Dieu et de l'unité de tout le genre humain" » (*Novo millennio ineunte* 42).

Oui, le mystère ineffable de la Tri-unité de Dieu est confié au « corps du Christ » qui est l'Église, dilatation dans l'histoire de la mission salvifique de Jésus : libérer de la mort l'être humain, et la création tout entière. Or cette libération définitive, nous la recevons comme un don du Père, un don qui s'est fait chair en Jésus et dont nous nous efforçons de vivre jour après jour, en nous laissant guider par l'Esprit.

Nativité de Jean Baptiste

« Le Seigneur fait grâce »

L'été a à peine commencé, et voici la fête de la nativité de Jean le Baptiste, une fête très ancienne, célébrée déjà par saint Augustin en Afrique. À côté de Marie, la mère du Seigneur, Jean le Précurseur est le seul saint dont l'Église célèbre non seulement la mort, le *dies natalis* à la vie éternelle, mais aussi le *dies natalis* dans ce monde : de fait, Jean Baptiste est le seul témoin dont le Nouveau Testament rappelle la naissance, si entremêlée avec celle de Jésus. Et c'est précisément cet entrelacement de leurs vicissitudes qui a conduit à choisir la date du 24 juin pour la célébration de la mémoire du Baptiste. Car si l'Église rappelle la naissance de Jésus le 25 décembre, elle ne peut que rappeler celle de Jean le 24 juin, puisque celle-ci a eu lieu, comme en témoigne l'évangile de Luc, six mois auparavant (voir Lc 1,26). Le parallélisme de ces dates contient en outre une symbolique astronomique, à tout le moins dans le bassin méditerranéen, qui a été le creuset de la foi judéo-chrétienne : si le 25 décembre est la fête du soleil vainqueur, dont la déclinaison sur la terre recommence à croître, le 24 juin est le jour où le soleil commence à diminuer ; or c'est précisément comme cela que s'est ordonné le rapport entre le Baptiste et Jésus, selon les paroles de Jean lui-même : « Il faut qu'il grandisse et que moi, je diminue » (Jn 3,30). Jean est la lueur qui décroît face à la lumière victorieuse ; il est la lampe apprêtée pour le Messie (voir Ps 132,17 ; Jn 5,35) ; il est son précurseur dans la naissance, dans la mission et dans la mort ; il est le maître de Jésus, le disciple qui le suit ; il est l'ami de Jésus, l'époux qui vient, comme le dit justement le quatrième évangile.

On pourrait même dire que l'Évangile est l'histoire synchronique de deux prophètes, Jean et Jésus, avec leur singularité extrêmement prononcée, leur appel spécifique, mais aussi leur unanimité substantielle à poursuivre les desseins de Dieu, avec la même détermination au service du Royaume. Mais malheureusement, la figure du Baptiste n'a plus aujourd'hui la place que mérite le Précurseur dans la mémoire et dans la connaissance de l'Église : après le premier millénaire et la moitié du deuxième – où Jean le Baptiste et Marie représentaient ensemble le lien entre l'Ancienne et la Nouvelle Alliance et se tenaient ensemble comme intercesseurs auprès de Celui qui vient, le Seigneur de la gloire, et cela tant dans la liturgie que dans l'iconographie –, la croissance du culte marial a débordé sur le Baptiste et a fini par le mettre dans l'ombre, amorçant une dérive risquée pour l'équilibre de la conscience christologique. Si l'Église, aujourd'hui encore, célèbre comme une solennité la naissance du Baptiste, c'est parce qu'elle reste consciente de la centralité de ce personnage pour la révélation : dans les synoptiques, la bonne nouvelle de l'annonce du Royaume s'ouvre toujours avec Jean (voir Mc 1), tout comme l'évangile de l'enfance de Jésus selon Luc (voir Lc 1–2) commence avec l'annonce de l'ange à Zacharie et avec le récit de la naissance prodigieuse de Jean.

Jean Baptiste est un homme que seul Dieu pouvait donner à Israël. À l'origine de son aventure, il y a une femme stérile et âgée, Élisabeth, et il y a un père au Temple, lui aussi chargé d'années : ce sont les pauvres du Seigneur, « justes devant Dieu ; irréprochables à suivre les commandements et les observances du Seigneur » (Lc 1,6), le petit reste humble qui met sa confiance en Dieu ; et c'est à eux, précisément, que Dieu s'adresse pour accomplir son dessein d'amour et de salut. Rien ne peut conditionner le choix de Dieu, et celui-ci ne peut pas davantage être entravé par des limites humaines, comme la vieillesse et la stérilité : l'élection n'exige que la prédisposition, l'attente, la foi. Jean naît ainsi, annoncé par un ange à son père prêtre, tandis que ce dernier célèbre au Temple ; il n'est qu'un embryon dans le sein de sa mère lorsqu'il reconnaît déjà, en dansant, la présence du Messie et Seigneur Jésus à peine conçu dans le sein de Marie ; et c'est dans le ventre de sa mère qu'il est sanctifié par l'Esprit saint qui descend sur elle.

À sa naissance, voilà que son nom fixe pour lui sa vocation et sa mission, ce nom donné par Dieu par l'intermédiaire de l'ange – Johanan, « le Seigneur fait grâce » ; et voilà que son père entonne un psaume messianique comme action de grâces et comme louange à Dieu, mais où il s'adresse aussi à son fils : « Et toi, petit enfant, tu seras appelé prophète du Très-Haut, tu marcheras devant, à la face du Seigneur » (Lc 1,76). C'est ainsi qu'est venu au monde « plus qu'un prophète [...] le plus grand parmi ceux qui sont nés d'une femme » (Lc 7,26.28), selon la confession que Jésus fait de lui : s'il n'est certes pas la lumière venue dans le monde, il demeure toutefois « la lampe qui brûle et qui luit » (Jn 5,35) pour témoigner de la lumière.

Toute son existence se mêle à celle de Jésus ; et les événements de sa vie racontés dans les évangiles ne sont pas que des préfigurations de ceux qui surviendront à Jésus : ils leur sont synchroniques, contemporains, au point qu'ils se superposent et se confondent les uns les autres. Jean et Jésus ont vécu ensemble ! Et même lorsque Jean sera tué violemment, sa vie et sa mission apparaîtront en plénitude dans celles de Jésus. Ce n'est certainement pas par hasard que l'Évangile enregistre l'opinion du roi Hérode concernant Jésus : « C'est Jean qui est ressuscité » (Mc 6,16), ni que les disciples rapportent à Jésus le jugement de certains contemporains qui affirmaient de lui : « C'est Jean le Baptiste » (Mt 16,14).

Quand Jean mourra, il anticipera la mort de Jésus et la préfigurera comme la passion du prophète persécuté et tué dans sa propre patrie ; mais tout comme, dans la mort du Baptiste, Jésus meurt, de même, dans la résurrection de Jésus, Jean le Baptiste ressuscitera lui aussi.

Pierre et Paul

L'accolade dans le martyre et le primat de la charité

La solennité des saints Pierre et Paul réunit, dans une unique célébration, Pierre, le premier disciple à avoir été appelé selon les récits synoptiques, le premier des douze apôtres, et Paul, qui n'a pas été disciple de Jésus, ni ne fit partie du groupe des Douze, mais que l'Église appelle « l'Apôtre » : l'envoyé par excellence, bien que ce titre, que lui-même se donne, ne lui soit jamais reconnu dans les Actes des apôtres. Cette fête, déjà attestée dans le plus ancien calendrier liturgique qui nous soit parvenu, la *Depositio marthyrum*, du IIIe siècle, met en commun deux apôtres de Jésus morts à Rome en des temps différents, mais l'un et l'autre martyrs, victimes des persécutions contre les chrétiens : deux vies offertes en libation à cause de Jésus et de l'Évangile.

Les deux apôtres sont ainsi réunis dans la célébration liturgique, après que leurs vies terrestres les ont vus plutôt s'opposer l'un à l'autre : leur communion, parce que vécue dans la *parresia*, la franchise évangélique, n'a pas toujours été facile, et a même souvent été laborieuse. Le bas-relief en calcaire conservé à Aquilée, tout comme l'iconographie traditionnelle qui représente leur accolade, cherche à exprimer précisément cette communion au prix fort, qui a garanti à chacun des deux de mener à terme son œuvre comme fondement de l'Église de Rome, le lieu où leur course prit fin, le lieu qui les vit l'un et l'autre martyrs à l'époque de Néron, mis à mort pour le même motif.

Pierre est parmi les premiers hommes que Jésus a appelés : un pêcheur de Bethsaïda, sur le lac de Tibériade, un homme qui n'a certainement pas accordé beaucoup de temps à la formation intellectuelle et qui vivait sa foi surtout dans le culte synagogal du sabbat puis, après avoir été appelé par Jésus, à travers l'enseignement de ce maître qui parlait comme personne d'autre avant lui. Homme généreux et impulsif, Pierre suivit Jésus en répondant avec élan à la vocation, mais il restait toutefois inconstant, victime facile de la peur, capable même de lâcheté, au point de méconnaître celui qu'il suivait comme disciple.

Toujours proche de Jésus, il apparaît comme le représentant des autres disciples, parmi lesquels il occupait une position prééminente :

on ne pourrait pas parler de la vie de Jésus sans mentionner Pierre, qui osa, le premier, confesser avec audace que Jésus est le Messie (voir Mt 16,16). Quand les disciples, tout comme une grande partie de la foule, se demandaient si Jésus était un prophète ou s'il était même « le » prophète des temps derniers, s'il était le Messie, l'Oint du Seigneur, ce fut Pierre, sollicité par Jésus, qui confessa la foi : les quatre évangiles rapportent chacun différemment les mots utilisés, mais ils attestent tous la priorité de Pierre à reconnaître la vraie identité de Jésus. Toutefois Pierre fit cette confession non pas comme « porte-parole » des Douze, mais animé par une force intérieure, par une révélation qui ne pouvait lui venir que de Dieu. Croire que Jésus est le Messie, le Fils de Dieu, n'était pas possible en ne faisant qu'analyser et interpréter l'accomplissement éventuel des Écritures : c'est Dieu lui-même, le Père qui est dans les cieux, qui révéla à Pierre l'identité de Jésus (voir Mt 16,17). Ainsi Jésus a-t-il reconnu dans son disciple Simon une « roche », *Céphas*, une pierre, sur la foi duquel la communauté, l'Église pouvait trouver son fondement.

Pierre, que Jésus appelle « bienheureux », qu'il déclare roche solide capable de confirmer la foi de ses frères, ne sera pas exempt d'erreurs, de chutes, d'infidélités à son

Seigneur. Immédiatement après la confession de foi que l'on vient de rappeler, il manifestera sa manière trop mondaine de comprendre le chemin de passion de Jésus, à tel point que ce dernier l'appellera « Satan » (Mt 16,23). Puis, à la fin de la vie terrestre de Jésus, Pierre déclarera bien trois fois qu'il ne l'a jamais rencontré : la peur et la volonté de se sauver soi-même le conduiront à déclarer avec force « ne pas connaître » (Mt 26,70.72.74) ce Jésus dont il avait reçu la connaissance par Dieu même !

Jésus, qui l'avait assuré de sa prière pour que sa foi ne défaille pas, après la Résurrection, le reconfirmera à sa place, en lui demandant toutefois, lui aussi par trois fois, de lui attester son amour : « Simon, fils de Jean, m'aimes-tu ? » (Jn 21,15.16.17.) Touché au vif par cette question, Pierre deviendra l'apôtre de Jésus, le pasteur de ses premières brebis à Jérusalem, puis parmi les communautés judaïques en Palestine, à Antioche ensuite et enfin à Rome, où il déposera la vie à son tour, à l'exemple de son Maître et Seigneur. Et à Rome, Pierre retrouvera aussi Paul : nous ne savons pas si cela se fit dans le quotidien du témoignage chrétien, mais dans tous les cas à travers le signe éloquent du martyre.

Paul, « l'autre », l'apôtre différent, a été placé à côté de Pierre dans son altérité, comme pour garantir dès les premiers pas que l'Église chrétienne est toujours plurielle et qu'elle se nourrit de diversité. Juif de la diaspora, originaire de Tarse, la capitale de la Cilicie, monté à Jérusalem pour devenir scribe et rabbi dans le sillage de Gamaliel, l'un des maîtres les plus fameux de la tradition rabbinique, Paul était un pharisien, expert zélé de la loi de Moïse, qui n'a connu ni Jésus ni ses premiers disciples, mais qui se distingua par son opposition et sa persécution envers le mouvement chrétien naissant. Paul se définit comme un « avorton » (1 Co 15,8) par rapport aux autres apôtres qui avaient vu le Seigneur Jésus ressuscité, mais il demandait à être reconnu comme envoyé, serviteur, apôtre de Jésus Christ au même titre qu'eux, parce qu'il avait mis sa vie au service de l'Évangile, il s'était fait l'imitateur du Christ jusque dans ses souffrances, il s'était dépensé en voyages apostoliques dans toute la Méditerranée orientale, il était habité par une sollicitude pour toutes les Églises de Dieu. Sa passion, son intelligence, son engagement à annoncer le Seigneur Jésus transparaissent dans toutes ses lettres et les Actes des apôtres en donnent également un témoignage sincère. C'est lui « l'apôtre des gentils », comme il se définit lui-même, alors que Pierre est « l'apôtre des circoncis » (Ga 2,8).

Pierre et Paul, l'un et l'autre disciples et apôtres du Christ, et pourtant si différents : Pierre, un pauvre pêcheur, Paul, un intellectuel rigoureux ; Pierre, un Juif palestinien venu d'un obscur village, Paul, un Juif de la diaspora et citoyen romain ; Pierre, lent à comprendre et à œuvrer en conséquence, Paul, consumé par l'urgence eschatologique... Voilà deux apôtres qui ont eu des styles différents, qui ont servi le Seigneur selon des modalités très diverses, qui ont vécu l'Église de manière parfois dialectique pour ne pas dire opposée, mais l'un et l'autre ont cherché à suivre le Seigneur et sa volonté, et ensemble, grâce à leur diversité précisément, ils ont su donner un visage à la mission chrétienne et un fondement à l'Église de Rome, qui préside dans la charité. Il est juste alors de célébrer leur mémoire ensemble, car c'est la mémoire de l'unité dans la diversité, de deux vies offertes par amour pour le même Seigneur, d'une charité vécue dans l'attente du retour du Christ.

La Transfiguration

Promesse pour l'humanité défigurée

« J'ai vu une grande lumière ! », s'exclama une jeune mère japonaise qui habitait à une centaine de kilomètres de Hiroshima, rentrant en courant à la maison, le matin du 6 août 1945, et embrassant son fils de dix ans, Kenzaburo Oé, futur prix Nobel de littérature. La bombe atomique avait fait sa tragique apparition à l'horizon de l'humanité, comme lumière de mort et de dévastation. Pourtant, le chrétien ne peut pas ne pas relier cette date (le 6 août) et cette expérience (« une grande lumière ») avec la fête de la transfiguration du Seigneur, que l'on célèbre précisément ce jour-là à partir du IVe siècle en Orient et du XIe en Occident.

Voici comment l'évangile de Matthieu décrit cet événement indescriptible : « Jésus fut transfiguré [littéralement : « changea d'aspect »] devant Pierre, Jacques et Jean : son visage resplendit comme le soleil et ses vêtements devinrent blancs comme la lumière » (Mt 17,2). Durant cette fête, presque ignorée ou célébrée du moins distraitement dans l'euphorie des vacances qui gagne aussi de nombreux chrétiens, on contemple le visage du « Fils de l'homme » enveloppé d'une lumière destinée à l'humanité entière, à tout l'univers même, parce qu'il s'agit de la lumière de la vie divine qui, en Christ, veut atteindre toute créature : une lumière de vie et de communion.

Toutefois, dès la fixation de cette date par des moines de la Palestine, le choix du début d'août pour cette commémoration a eu encore une autre coïncidence extrêmement riche de sens : c'est durant ces mêmes jours que tombe en effet le 9 du mois d'Av, selon le calendrier juif, un jour de jeûne et de deuil où le peuple d'Israël fait mémoire de la destruction du premier et du second Temple (respectivement en 586 avant notre ère et en 70 de notre ère) et, à partir de là, de toutes les autres tragédies qui ont marqué son histoire, depuis l'expulsion d'Espagne en 1492 jusqu'à la « catastrophe » maximale de la Shoah du siècle dernier.

La fête de la Transfiguration est née pour que l'on puisse contempler le Christ, nouveau Temple, non construit de main d'homme, en coïncidence avec la mémoire de la destruction du Temple construit par l'homme, elle est née pour célébrer le destin de lumière qui attend tout homme. Elle a cependant fini par voir sa signification s'étendre tragiquement au souvenir d'une lumière aveuglant, frappant et défigurant l'humanité qui l'a déclenchée, elle s'est enrichie de la commémoration de l'anéantissement du lieu et du peuple choisis par Dieu pour se manifester. Tandis que les chrétiens, dans leurs églises inondées de lumière, célèbrent la gloire de Dieu qui resplendit sur le visage du Christ, les juifs, dans les synagogues plongées dans la pénombre d'une unique et modeste lampe, lisent le livre des Lamentations. Et sur tous, pèse l'ombre lugubre et inquiétante d'une lueur de mort, la nuée lumineuse d'une lumière exterminatrice. Paradoxe bouleversant : la lumière de vie de la Transfiguration, qui provient de Dieu et annonce le futur du monde en Christ, contraste avec la lumière de mort produite par l'homme, qui menace le présent du monde et en compromet le lendemain. La Transfiguration rappelle la beauté à laquelle l'humanité et l'univers entier sont destinés ; Hiroshima et la Shoah témoignent de l'abrutissement dont l'homme est capable. La Transfiguration évoque, en la concentrant sur le Christ, la gloire à laquelle est destiné le corps humain, le cosmos lui-même ; Hiroshima et la Shoah révèlent la capacité de l'homme à défigurer la chair humaine, à gâter le corps et l'esprit, à dévaster le cosmos.

Pour un chrétien, célébrer la Transfiguration représente ainsi un appel à la responsabilité et une exhortation à la compassion, à la dilatation du cœur à l'égard de l'homme qui souffre. Ce n'est pas un hasard si, pour les évangiles, le Christ qui connaît la transfiguration est celui qui vient d'annoncer pour la première fois le destin de passion et de mort qui l'attend, la défiguration dont il souffrira de la part des hommes (voir Mt 16,21-23) : face au mal, Jésus choisit d'être victime plutôt que ministre. La Transfiguration devient ainsi le « oui » de Dieu au Fils qui accepte la voie de la solidarité radicale avec les opprimés et les victimes de l'histoire. C'est alors un mystère de souffrance que recèle le cœur même de la Transfiguration : celle-ci trouve dans le dynamisme pascal de mort-résurrection, de souffrance-vivification sa logique même.

De plus, si le 9 d'Av évoque les souffrances des juifs et si Hiroshima rappelle les peines de tous les hommes, le Christ (qui est juif et l'est pour toujours) est celui qui réunit dans son corps d'homme et dans sa chair de juif les douleurs de l'humanité tout entière. La Transfiguration devient espérance universelle, pour tous ceux qui souffrent, et même pour la création entière qui gémit dans l'attente de la rédemption. Aux chrétiens revient dès lors la tâche de célébrer la Transfiguration en espérant pour tous les hommes ; faire mémoire de cet événement de la vie de Jésus est en effet la promesse que notre corps de misère et de péché sera lui aussi transformé, afin que soit rétablie en nous l'image pleine de Dieu. La Transfiguration est le gage que Dieu travaille pour nous conformer à son Fils, jusqu'à nous rendre ressemblants à lui ; c'est aussi le gage que tout notre être sera transfiguré, sans rupture avec notre situation humaine : pas même nos passions, nos sens, nos affections humaines ne seront détruits, mais ils seront radicalement transformés à travers une purification dont le protagoniste est Dieu. Vécue dans cette attente, la fête de la Transfiguration allume, dans l'« aujourd'hui » déjà, des lueurs d'espérance dans les cœurs et illumine les consciences en suscitant la compassion, la coresponsabilité, la fraternité authentique.

L'Assomption

La Vierge Marie, terre du ciel

La mi-août : à mi-parcours de l'été, au creux d'un temps de vacances qui bascule constamment entre le repos et la surexposition du corps, la détente et l'étourdissement de l'esprit, l'ouverture et la confusion de l'âme. Au cœur de ce « temps pour l'homme » tout entier, la fête la plus populaire peut-être de celles dédiées à la Vierge Marie : l'Assomption. Paradoxe incompréhensible ? Contradiction d'une société taxée par beaucoup de sécularisée ? Mondes parallèles qui se croisent en une festivité qui n'a de commun que la date et non les motifs ? Selon moi, il s'agit là plutôt d'une féconde provocation.

Dès les tout premiers siècles du christianisme, en effet, l'Église a perçu qu'en Marie – qui avait engendré le Ressuscité et qui, au nom de la création tout entière, avait accueilli le Dieu fait homme – était préfiguré le but qui attend chaque vivant : l'assomption de l'humain, de tout l'humain, dans le divin. Oui, Marie est icône, elle est personnalité corporative des croyants, elle qui est la Fille de Sion, l'Israël saint dont est né le Messie, et aussi l'Église, la communauté chrétienne qui engendre des enfants pour le Seigneur sous la croix. Pour cela, le Visionnaire de l'Apocalypse l'a vue comme la femme vêtue de soleil, couronnée des douze étoiles des tribus d'Israël, enfantant le Messie (voir Ap 12,1-2), mais aussi comme la mère de la descendance de Jésus, l'Église (voir Ap 12,17). Ainsi, la première créature à entrer « corps et âme » (de tout son être) dans l'espace et dans le temps du Créateur ne pouvait être que celle qui avait consenti à ce que le divin passe dans l'humain : espace vital donné par la terre au ciel, la Vierge-Mère devient le germe et les prémices d'une création transfigurée. Dans la foi de l'Église, Marie est désormais au-delà de la mort et du jugement, dans cette dimension autre de l'existence à laquelle nous ne savons donner de nom, si ce n'est « ciel ».

Dans ce terme, point d'opposition, mais plutôt une étreinte avec la terre : qui peut dire, en effet, en regardant en soi et autour de soi, ou en scrutant l'horizon lointain, où se termine la terre et où commence le ciel ? Ne serait donc terre que la motte défrichée et la roche inaccessible, et non la croûte qui endurcit notre cœur ? Et ne serait ciel que la voûte étoilée, et non le souffle vital qui nous habite ? Ainsi, Marie, élevée en Dieu, reste infiniment humaine, Mère pour toujours, tournée vers la terre, attentive aux souffrances des hommes et des femmes de tous temps et de tous lieux, présente à leur pèlerinage souvent incertain. Oui, pour l'Orient comme pour l'Occident chrétiens – au-delà des formulations différentes –, la Dormition-Assomption de Marie est un signe des « réalités ultimes », de ce qui devra se produire dans un futur non tant chronologique que de « sens », un signe de la plénitude à laquelle nos limites aspirent : en elle, nous pressentons la glorification qui attend le cosmos entier à la fin des temps, quand « Dieu sera tout en tous » (1 Co 15,28) et en tout. Elle est la portion d'humanité déjà rachetée, figure de cette « terre promise » à laquelle nous sommes appelés, coin de terre transplanté au ciel. Une hymne de l'Église orthodoxe serbe chante Marie comme la « terre du ciel », terre – *adamah* – dont, tout comme elle, nous sommes tirés (voir Gn 2,7), mais terre rachetée, christique, transfigurée grâce aux énergies de l'Esprit saint, terre désormais en Dieu pour toujours, anticipation de notre destin commun.

C'est cette espérance pour tous que la liturgie a toujours cherché à célébrer en cette fête, usant du langage et des images dont elle disposait : aujourd'hui, peut-être, certaines expressions liturgiques et certaines représentations iconographiques nous semblent inadéquates, mais l'aspiration qu'elles tentaient d'exprimer reste la même de nos jours, et même dans le fracas de la mi-août. Nous aimons notre terre, mais nous nous y sentons à l'étroit ; nous nous préoccupons de notre corps, mais nous savons que nous sommes davantage que notre physique ; nous luttons dans le temps et contre le temps, mais nous percevons que notre vérité dépasse le temps ; nous jouissons de l'amitié et de l'amour, mais nous en saisissons les limites et en craignons la caducité. Peut-être est-ce précisément de cette possibilité de « penser en grand » – qui est dilatation des horizons et non des appétits, grandeur d'âme et non des prétentions – que l'humble femme de Nazareth est pour nous le gage, elle qui est devenue, par don de Dieu, Mère du Seigneur, terre du ciel. Alors ce corps transporté vers la Lumière, source et finalité de toute lumière, ne concerne plus la dévotion de quelques fidèles seulement, mais le sort ultime de tout le créé, assumé par l'Incréé : c'est la chair même de la terre qui, transfigurée, devient eucharistie, action de grâces, étreinte avec le ciel.

Oui, en cette mémoire de Marie élevée au ciel, les chrétiens, en pleines vacances, sont invités à transformer en reconnaissance, en eucharistie, en action de grâces devant le Créateur et Sauveur, la création qu'ils contemplent et qu'ils devraient sauvegarder avec amour et attention.

Tous les saints

Les fruits de l'amour

Ces dernières décennies, on a proclamé un nombre élevé de saints et de bienheureux : jamais l'Église n'avait connu une saison aussi riche de canonisations, signe par ailleurs que le témoignage chrétien a atteint une « catholicité » étendue. Pourtant nombreux sont ceux, dans l'Église et au-dehors, qui ont la sensation de ne pas connaître de saints « proches », de ne pas parvenir à discerner « l'ami de Dieu » (selon la magnifique définition patristique du saint) dans leur voisin de palier, dans le chrétien quotidien. Cela est dû peut-être aussi au fait que nous vivons dans une culture où l'on privilégie l'apparence, où « même la sainteté se mesure en pouces » (comme l'a dit quelqu'un). Nombreux sont ceux, alors, qui cherchent non pas le disciple du Seigneur, mais l'ecclésiastique à succès, celui qui draine les foules, le leader d'opinion capable de paroles sociologiques, politiques, économiques ou éthiques, la star médiatique à qui l'on demande une parole à bon marché sur n'importe quel événement, en le faisant apparaître éloquent sans tenir compte de la consistance de son cheminement à la suite du Seigneur.

Mais c'est précisément dans cette recherche ambiguë de sainteté autour de nous que nous vient en aide la fête de tous les saints, la célébration de la communion des saints du ciel et de la terre. Oui, au cœur de l'automne, après les moissons, les récoltes et les vendanges dans nos campagnes, l'Église nous invite à contempler la moisson de tous les sacrifices vivants offerts à Dieu, celle de ces vies retournées au Seigneur, la récolte auprès de Dieu de tous les fruits mûrs qu'ont suscités l'amour et la grâce du Seigneur parmi les hommes. La fête de tous les saints est vraiment un mémorial de l'automne glorieux de l'Église, la fête contre la solitude, contre tout isolement qui afflige le cœur de l'homme : s'il n'y avait pas les saints, si nous ne croyions pas « à la communion des saints » – qui ne fait certainement pas partie de notre confession de foi par hasard –, nous serions enfermés dans une solitude désespérée et désespérante. Or en ce jour, nous pouvons chanter : « Nous ne sommes pas seuls, nous sommes une communion vivante ! » ; nous pouvons entonner à nouveau le chant pascal car, si à Pâques nous contemplions le Christ vivant pour toujours à la droite du Père, à la Toussaint, grâce aux énergies de la Résurrection, nous contemplons ceux qui sont avec le Christ à la droite du Père : les saints. À Pâques, nous chantions que la vigne était vivante, ressuscitée ; à la Toussaint, l'Église nous appelle à chanter que les sarments, taillés et greffés par le Père sur la vigne qu'est le Christ, ont donné leur fruit, qu'ils ont produit une vendange abondante, et que ces grappes, cueillies et pressées ensemble, forment un vin unique, celui du Royaume.

En ce jour, nous contemplons ce mystère : les morts pour le Christ, avec le Christ et en Christ sont vivants avec lui et, puisque nous sommes membres du corps du Christ et qu'eux sont membres glorieux du corps glorieux du Seigneur, nous sommes en communion les uns avec les autres, formant ensemble le corps unique et total du Seigneur. Le 1er novembre, monte de nos assemblées ecclésiales le parfum de l'encens, signe du lien avec l'Église d'En-Haut, la Jérusalem céleste, vivante et glorieuse auprès de Dieu, avec le Christ, pour toujours, et qui attend que le nombre de ses fils soit parachevé.

Voilà le fort appel qui résonne pour nous à la Toussaint : redécouvrir le saint à côté de nous, sentir que nous faisons partie d'un unique corps. C'est cette conscience qui a nourri la foi et le chemin de sainteté de nombreux croyants, des premiers siècles jusqu'à nos jours : des hommes et des femmes cachés, capables de vivre au quotidien la résistance lucide à des idolâtries toujours nouvelles, dans la soumission patiente à la volonté du Seigneur, dans l'amour pour tout être humain, image du Dieu invisible. Le saint devient alors une présence efficace pour le chrétien et pour l'Église : « Nous ne sommes pas seuls, mais enveloppés d'une grande nuée de témoins » (He 12,1) ; avec eux nous formons le corps du Christ, avec eux nous sommes les fils de Dieu, avec eux nous serons un avec le Fils. En Christ, une intimité s'établit entre les saints et nous, plus forte que celle de nos rapports – même les plus fraternels – sur la terre : les saints prient pour nous, ils intercèdent, ils nous sont proches comme des amis qui jamais ne nous abandonnent. Et vraiment, leur proximité est capable de merveilles, car leur volonté est désormais assimilée à la volonté de Dieu, qui s'est manifestée en Christ. Ce ne sont plus eux qui vivent, mais le Christ qui vit en eux, puisqu'ils ont atteint la plénitude de toute vocation chrétienne, qui est de vouloir ce que veut le Seigneur lui-même :

« Père, que ce ne soit pas ma volonté, mais la tienne qui se fasse » (Lc 22,42).

Soutenus ainsi par ceux qui nous ont précédés sur ce chemin, nous découvrirons aussi les saints qui œuvrent encore sur la terre, parce que la semence des saints n'est pas proche de l'extinction : tombée en terre, elle se prépare aujourd'hui encore à donner son fruit. « Voici que je fais une chose nouvelle, déjà elle pointe, ne la reconnaissez-vous pas ? » (Is 43,19.)

Les fidèles défunts

Nos racines

Avec cette fête, nous sommes en plein automne : les arbres perdent leurs feuilles, les brumes matinales peinent à se lever, le jour raccourcit et la lumière perd de son intensité. Et pourtant, certains coins de terre ressemblent à des prés printaniers en fleurs, animés, dans la pénombre, par la crépitation des lucioles : ce sont les cimetières. Oui, car depuis des siècles, les habitants de nos terres ont voulu qu'aux premiers jours de novembre, à la fin de la saison des fruits, une fois semé le grain destiné à renaître au printemps, l'on se souvienne des morts.

Ce sont les Celtes qui ont situé à cette période de l'année la mémoire des morts, une mémoire que l'Église a ensuite christianisée, pour en faire l'une des fêtes les plus vécues et les plus ressenties, non seulement durant les siècles passés et dans les campagnes, mais encore aujourd'hui et dans les villes les plus anonymes, bien que la culture dominante tende à refouler la mort.

En accueillant cette mémoire, cette réponse humaine à la « grande question » posée à tout homme, l'Église l'a projetée dans la lumière de la foi pascale qui chante la résurrection de Jésus Christ des morts, et c'est pour cette raison qu'elle a voulu la faire précéder de la fête de tous les saints, pour indiquer en quelque sorte que les saints entraînent les morts avec eux, qu'ils les prennent par la main, nous rappelant à tous que l'on ne se sauve pas tout seul. Et c'est au soir de la fête de tous les saints que les chrétiens se souviennent des morts, et plus encore qu'ils se rendent au cimetière pour les visiter, comme pour les rencontrer et manifester leur affection pour eux, en couvrant de fleurs leurs tombes : cette affection, dans ces circonstances, devient capable aussi d'assumer le mal que l'on a pu découvrir dans la vie de ceux qui nous sont chers et de l'envelopper dans une grande compassion qui embrasse nos propres ombres et celles des autres. Nous sommes nombreux à avoir, là sous terre, nos racines, notre père, notre mère, ceux qui nous ont précédés et qui nous ont transmis la vie, la foi chrétienne et cet héritage culturel, ce tissu de valeurs sur lequel, malgré de nombreuses contradictions, nous cherchons à fonder notre vie quotidienne.

Cette mémoire des morts est pour les chrétiens une grande célébration de la Résurrection : ce qui a été confessé, cru et chanté au cours de la célébration des obsèques est ici présenté à nouveau, en un seul et même jour, pour tous les morts. La mort n'est plus la réalité ultime pour les hommes ; et ceux qui sont déjà morts, allant vers le Christ, ne sont pas repoussés par lui mais sont ressuscités pour la vie éternelle, la vie pour toujours avec lui, le Ressuscité-Vivant. Oui, il y a cette parole de Jésus, cette promesse que rapporte l'évangile de Jean et que nous devons répéter dans notre cœur le jour de la mémoire des morts pour vaincre toute tristesse et toute crainte : « Celui qui vient à moi, je ne le rejetterai pas » (Jn 6,37). Le chrétien est celui qui va vers le Fils chaque jour, même si sa vie subit les contradictions du péché et des chutes, il est celui qui s'éloigne et revient, qui tombe et se relève, qui reprend avec confiance le cheminement de la suivance. Et Jésus ne le rejette pas ; au contraire, en l'embrassant dans son grand amour, il lui donne la rémission des péchés et le conduit définitivement à la vie éternelle.

La mort est un passage, une pâque, un exode de ce monde au Père : pour les croyants, elle n'est plus une énigme, mais un mystère, car elle est inscrite une fois pour toutes dans la mort de Jésus, le Fils de Dieu, qui a su faire d'elle, de manière authentique et totale, un acte d'offrande au Père. Le chrétien, lorsqu'il meurt, lui qui, par vocation, meurt avec le Christ (voir Rm 6,8) et est enseveli avec lui dans sa mort, réalise en plénitude son obéissance de créature et, en Christ, il est transfiguré, ressuscité par les énergies de vie éternelle de l'Esprit saint.

C'est dans cette certitude, dans cette vision qui dérive de la foi seule, que la mort finit par apparaître « sœur », et qu'elle se transfigure en un acte où l'on restitue à Dieu, par amour et dans la liberté, ce que lui-même nous a donné : la vie et la communion. Pour cette raison, l'Église de la terre, en rappelant les fidèles défunts, s'unit à l'Église du ciel et, dans une grande intercession, invoque miséricorde pour ceux qui sont morts et qui se tiennent en jugement devant Dieu pour rendre compte de toutes leurs œuvres (voir Ap 20,12). La prière pour les morts est un acte d'authentique intercession, d'amour et de charité pour ceux qui ont atteint la patrie céleste ; c'est un acte dû à ceux qui meurent, parce que la solidarité avec eux ne peut pas s'interrompre, mais doit être vécue comme une *communio sanctorum*, une « communion des saints », c'est-à-dire de ceux, pauvres hommes et pauvres femmes, qui ont été pardonnés par Dieu.

Table des matières

Composé par Nord Compo
à Villeneuve-d'Ascq

Impression réalisée sur CAMERON par

BUSSIÈRE CAMEDAN IMPRIMERIES

GROUPE CPI

à Saint-Amand-Montrond (Cher)
pour le compte de Bayard Éditions
en janvier 2004

Imprimé en France
Dépôt légal : janvier 2004.
N° d'édition : 2603. N° d'impression : 036066/1.